课本
里的
作家

课本里的作家

曹文轩经典小说：

芦花鞋

曹文轩 / 著

小学语文同步阅读
四年级
彩插精读版

山东教育出版社
·济南·

图书在版编目（CIP）数据

曹文轩经典小说.芦花鞋/曹文轩著.—济南：
山东教育出版社,2023.1（2023.3 重印）
（爱阅读·课本里的作家）
ISBN 978-7-5701-2436-7

Ⅰ.①曹… Ⅱ.①曹… Ⅲ.①阅读课—小学—教学参
考资料 Ⅳ.①G624.233

中国版本图书馆 CIP 数据核字（2022）第 244371 号

CAO WENXUAN JINGDIAN XIAOSHUO：LUHUA XIE

曹文轩经典小说：芦花鞋

曹文轩　著

主管单位：山东出版传媒股份有限公司
出版发行：山东教育出版社
　　　　　　地址：济南市市中区二环南路 2066 号 4 区 1 号　邮编：250003
　　　　　　电话：（0531）82092600　　　　　网址：www.sjs.com.cn
印　　刷：天津泰宇印务有限公司
版　　次：2023 年 1 月第 1 版
印　　次：2023 年 3 月第 2 次印刷
开　　本：700 mm×1000 mm　1/16
印　　张：12
字　　数：145 千
定　　价：35.80 元

（如印装质量有问题，请与印刷厂联系调换）
印厂电话：022-29649190

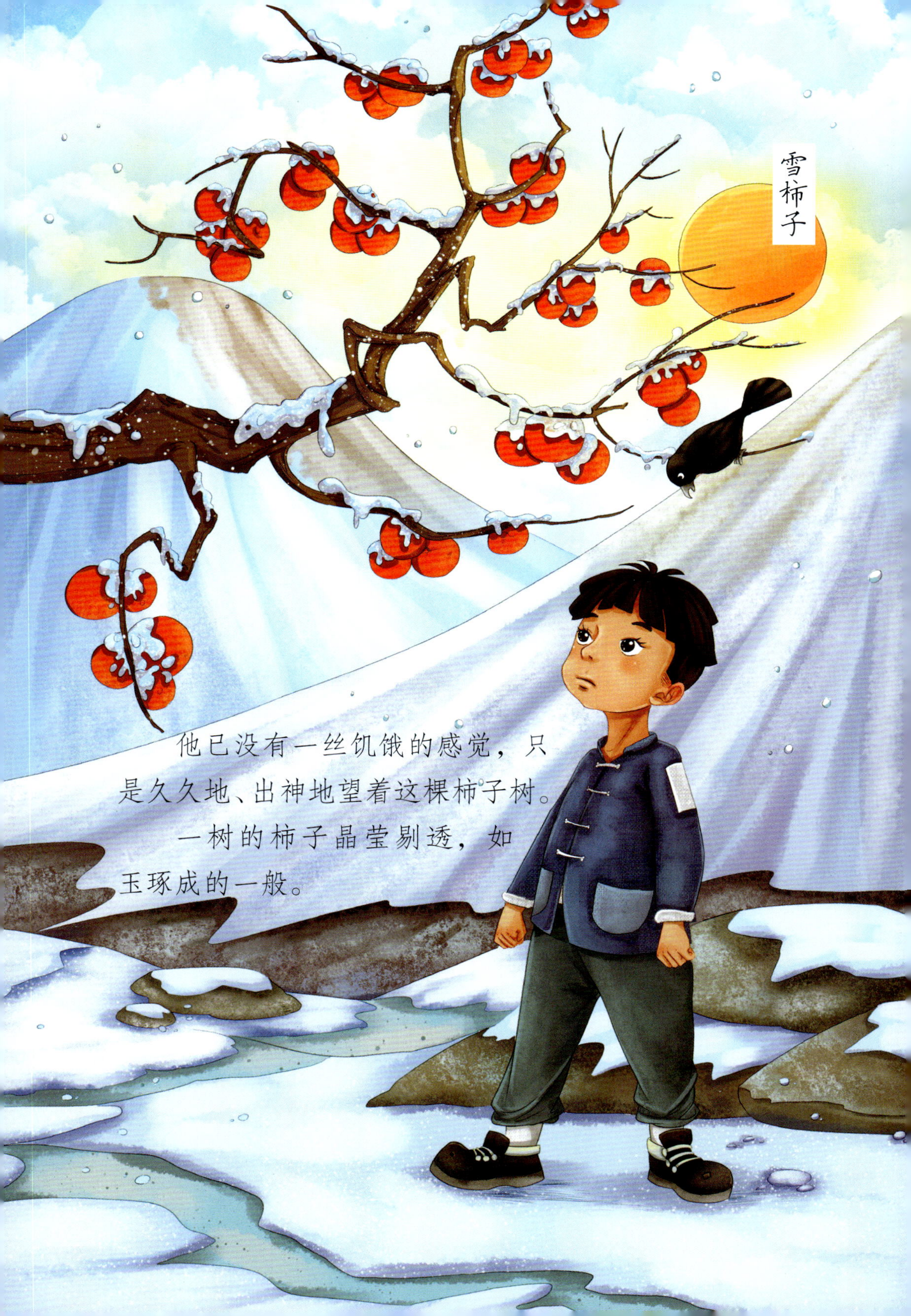

他已没有一丝饥饿的感觉，只是久久地、出神地望着这棵柿子树。

一树的柿子晶莹剔透，如玉琢成的一般。

古堡

山巅仍然还很遥远，它一会儿从云雾里显现出来，一会儿又被云雾所笼罩，一副神秘莫测的样子。

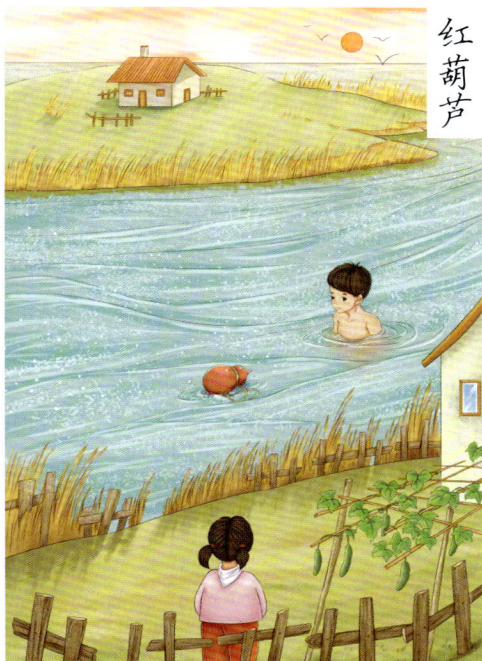

红葫芦

他跃起，扎入水中，手脚一并用力，尽力把水弄响。碧水上，漂浮着的那只红葫芦，宛如一轮初升的小太阳。

甜橙树

男孩弯桥在甜橙树下睡着了。那只草绳结的大网兜，结结实实地塞满了草，像一只硕大的绿球，沉重地停在甜橙树旁，守候着他。

金色的茅草

借着海风，火的声音像巨大的海潮一样咆哮着，震得人脑发麻，热浪向外一阵阵地爆发着热量。父亲的衣服已经烧着了。

水下有座城

"你等着，我先去。"槐子跳进水中，一蓬水花便在阳光下盛开着，但瞬间便消失了，只有一道道水圈慢慢地向远处扩去。

总序

　　北京书香文雅图书文化有限公司的李继勇先生与我联系，说他们策划了一套《爱阅读·课本里的作家》丛书，读者对象主要是中小学生，可以作为学生的课外阅读用书，希望我写篇序。作为一名语文教育工作者，在中共中央办公厅、国务院办公厅印发《关于进一步减轻义务教育阶段学生作业负担和校外培训负担的意见》（以下简称"双减"）的大背景下，为学生推荐这套优秀课外读物责无旁贷，也更有意义。

　　一、"双减"以后怎么办？

　　"双减"政策对义务教育阶段学生的作业和校外培训作出严格规定。我认为这是一件好事。曾几何时，我们的中小学生作业负担重，不少学生不是在各种各样的培训班里，就是在去培训班的路上。学生"学"无宁日，备尝艰辛；家长们焦虑不安，苦不堪言。校外培训机构为了增强吸引力，到处挖掘优秀教师资源，有些老师受利益驱使，不能安心从教。他们的行为破坏了教育生态，违背了教育规律，严重影响了我国教育改革发展。教育是什么？教育是唤醒，是点燃，是激发。而校外培训的噱头仅仅是提高考试成绩，让学生在中高考中占得先机。他们的广告词是"提高一分，干掉千人"，大肆渲染"分数为王"，在这种压力之下，学生面对的是"分萧萧兮题海寒"，不得不深陷题海，机械刷题。假如只有一部分学生上培训班，提高的可能是分数。但是，如果大多数学生或者所有学生都去上培训班，那提高的就不是分数，而只是分数线。教育的根本任务是立德树人，是培根铸魂，是启智增慧，是让学生的德智体美劳全面发展，是培养社会主义建设者和接班人，是为中华民族伟大复兴提供人才，而不是培养只会考试的"机器"，更不能被资本所"绑架"。所以中央才"出重拳""放实招"，目的就是要减轻学生过重的课业负担，减轻家长过重的经济和精神负担。

　　"双减"政策出台后，学生们一片欢呼，再也不用在各种培训班之间来回奔波了，但家长产生了新的焦虑：孩子学习成绩怎么办？而对学校老师来说，这是一个新挑战、新任务，当然也是新机遇。学生在校时间增加，要求老师提升教学水平，科学合理布置作业，同时开展课外延伸服务，事实上是老师陪伴学生的时间增加了。这部分在校时间怎么安排？如何让学生利用好课外时间？这一切考验着老师们的智慧。而开展各种课外活动正好可以解决这个难题。比如：热爱人文的，可以开展阅读写作、演讲辩论，学习传统文化和民风民俗等社团活动；喜爱数理的，可以组织科普科幻、实验研究、统计测量、天文观测等兴趣小组；也可以开展体育比赛、艺术体验（音乐、美术、书法、戏剧……）和劳动教育等实践活动。当然，所有的活动都应以培养学生的兴趣爱好为目的，以自愿参加为前提。学校开展课后服务，可以多方面拓展资源，比如博物馆、图书馆、科技馆、陈列馆、少年宫、青少年活动中心，甚至校外培训机构的优质服务资源，还可组织征文比赛、志愿服务、社会调查等，助力学生全面发展。

二、课外阅读新机遇

近年来，新课标、新教材、新高考成为语文教育改革的热词。我曾经看到一个视频，说语文在中高考中的地位提高了，难度也加大了。这种说法有一定道理，但并不准确。说它有一定道理，是因为语文能力主要指一个人的阅读和写作能力，而阅读和写作能力又是一个人综合素养的体现。语文能力强，有助于学习别的学科。比如数学、物理中的应用题，如果阅读能力上不去，读不懂题干，便不能准确把握解题要领，也就没法准确答题；英语中的英译汉、汉译英题更是考查学生的语言表达能力；历史题和政治题往往是给一段材料，让学生去分析、判断，得出结论，并表述自己的观点或看法。从这点来说，语文在中高考中的地位提高有一定道理。说它不准确，有两个方面的理由：一是语文学科本来就重要，不是现在才变得重要，之所以产生这种错觉，是因为在应试教育的背景下，语文的重要性被弱化了；二是语文考试的难度并没有增加，增加的只是阅读思维的宽度和广度，考查的是阅读理解、信息筛选、应用写作、语言表达、批判性思维、辩证思维等关键能力。可以说，真正的素质教育必须重视语文，因为语文是工具，是基础。不少家长和教师认为课外阅读浪费学习时间，这主要是教育观念问题。他们之所以有这种想法，无非是认为考试才是最终目的，希望孩子可以把更多时间用在刷题上。他们只看到课标和教材的变化，以为考试还是过去那一套，其实，考试评价已发生深刻变革。目前，考试评价改革与新课标、新教材改革是同向同行的，都是围绕立德树人做文章。中共中央、国务院印发的《深化新时代教育评价改革总体方案》明确指出："稳步推进中高考改革，构建引导学生德智体美劳全面发展的考试内容体系，改变相对固化的试题形式，增强试题开放性，减少死记硬背和'机械刷题'现象。"显然就是要用中高考"指挥棒"引领素质教育。新高考招生录取强调"两依据，一参考"，即以高考成绩和高中学业水平考试成绩为依据，以综合素质评价为参考。这也就是说，高考成绩不再是高校选拔新生的唯一标准，不只看谁考的分数高，而是看谁更有发展潜力、更有创造性，综合素质更高，从而实现由"招分"向"招人"的转变。而这绝不是仅凭一张高考试卷能够区分出来的，"机械刷题"无助于全面发展，必须在课内学习的基础上，辅之以内容广泛的课外阅读，才能全面提高综合素养。

三、"爱阅读"助力成长

这套《爱阅读·课本里的作家》丛书是为中小学生读者量身打造的，符合《义务教育语文课程标准》倡导的"好读书、读好书、读整本的书"的课改理念，可以作为学生课内学习的有益补充。我一向认为，要学好语文，一要读好三本书，二要写好两篇文，三要养成四个好习惯。三本书指"有字之书""无字之书""心灵之书"，两篇文指"规矩文"和"放胆文"，四个好习惯指享受阅读的习惯、善于思考的习惯、乐于表达的习惯和自主学习的习惯。古人说"读万卷书，行万里路"，实际上就是要处理好读书与实践的关系。对于中小学生来说，读书首先是读好"有字之书"。"有字之书"，有课本，有课外自读课本，还有"爱阅读"这样的课外读物。读书时我们不能眉毛胡子一把抓，要区分不同的书，采取不同的读法。一般说来，读法有精读，有略读。精读需要字斟句酌，需要咬文嚼字，但费时费力。当然也不是所有的书都需要精读，可以根据自己的需要决定精读还是略读。新课标提倡中小学生进行整本书阅读，但是学生往往不能耐着性子读完一整本书。新课标提倡的整本书阅读，主要是针对过去的单篇教学来说的，并不是说每本书都要从头读到尾。教材设计的练习项目也是有弹性的、可选择的，不可能有统一的"阅读计划"。我的建议是，整本书阅读应把精读、略读与浏览结合起来，精读重在示范，略读重在博览，浏览略观大意即可，三者相辅相成，不宜偏于一隅。不仅如此，学生还可以把阅读与写作、读书与实践、课内与课外结合起来。整本书阅读重在掌握阅读方法，拓展阅读视野，培养读书兴趣，养成阅读习惯。

再说写好两篇文。学生读得多了，素养提高了，自然有话想说，有自己的观点和看法要发表。发表的形式可以是口头的，也可以是书面的，书面表达就是写作。写好两篇文，一篇规矩文，一篇放胆文。规矩文重打基础，放胆文更见才气。规矩文要求练好写作基本功，包括审题、立意、选材、构思等，同时还要掌握记叙文、议论文、说明文、应用文的基本要领和写作规范。规矩文的写作要在教师的指导下进行。放胆文则鼓励学生放飞自我、大胆想象，各呈创意、各展所长，尤其是展现自己的写作能力、语言表达能力、批判性思维能力和辩证思维能力。放胆文的写作可以多种多样，除了大作文，也可以写小作文。有兴趣的学生还可以进行文学创作，写诗歌、小说、散文、剧本等。

学习语文还要养成四个好习惯。第一，享受阅读的习惯。爱阅读非常重要，每个同学都应该有自己的个性化书单。有的同学喜欢网络小说也没有关系，但需要防止沉迷其中，钻进"死胡同"。这套《爱阅读·课本里的作家》丛书，给中小学生课外阅读提供了大量古今中外的名家名作。第二，善于思考的习惯。在这个大众创业、万众创新的时代，创新人才的标准，已不再是把已有的知识烂熟于心，而是能够独立思考，敢于质疑，能够自己去发现问题、提出问题和解决问题，需要具有探究质疑能力、独立思考能力、批判性思维和辩证思维能力。第三，乐于表达的习惯。表达的乐趣在于说或写的过程，这个过程比说得好、写得完美更重要。写作形式可以不拘一格，比如作文、日记、笔记、随笔、漫画等。第四，自主学习的习惯。我的地盘我做主，我的语文我做主。不是为老师学，也不是为父母长辈学，而是为自己的精神成长学，为自己的未来学。

愿广大中小学生能借助这套《爱阅读·课本里的作家》丛书，真正爱上阅读，插上想象的翅膀，飞向未来的广阔天地！

目录

我爱读课文

原文赏读

芦花鞋

体　　裁：小说
作　　者：曹文轩
创作时间：当代
作品出处：部编版语文四年级（下册）
内容简介：这篇课文主要讲了青铜一家人为了增加收入，在冬天做了一百零一双芦花鞋，然后让青铜背着到油麻地镇上去卖。一次青铜冒着大雪去镇上卖鞋，几个城里人把最后十双芦花鞋全部买走。后来为了满足一个顾客的需要，青铜脱下自己穿的鞋子卖给对方的故事。

/////////////////////// 读前导航 ///////////////////////

阅读准备

　　著名儿童文学作家曹文轩的小说创作有着不一样的特点。也许是受童年生活的影响，他小说中往往以童年生活为主线，讲述了他们的成长故事，写出了主人公内在的人性、感情、尊严与理想，体现出他对少年儿童生存和成长的关怀。小说的主人公境遇困苦，内心悲怆，但并不一直沉溺于悲切的情绪世界里。小说告诉读者，即便处在生命的低谷，依然要坚强成长，勇敢奋斗。

目标我知道

学习目标	会写"编、闲、钻、觅、寂"等生字 会认"搓、葵、祈、遗、憾、污"等生字 读准多音字"涨"
学习重点	运用"小标题串联法"把握文章主要内容，探究芦花鞋的故事
学习难点	运用边读边想、前后联系的方法，感悟故事情节和人物形象，学习阅读长文章，进一步激发阅读整本书的兴趣

//////////////////// 精彩赏读 ////////////////////

课本原文

芦花鞋

① 这里出产一种冬天穿的芦花鞋。

② 那鞋的制作工序是：先将上等的芦花采回来，然后将它们均匀地搓进草绳里，再编织成鞋。那鞋很厚实，像暖和和的鸟窝。

【冬闲】
指冬季农事
较少的时节。

[1] 可以
看出，一家
人的生活虽
然清苦，但
过得有滋有
味，对美好
的生活充满
向往。

【寻觅】
寻找。

【倾覆】
（物体）倒下。

③ 收罢秋庄稼，青铜家就已决定：今年冬闲时，全家人一起动手，编织一百双芦花鞋，然后让青铜背着，到油麻地镇上去卖。

④ 这是家里的一笔收入，一笔很重要的收入。想到这笔收入，全家人都很兴奋，觉得心里亮堂堂的，未来的日子亮堂堂的。[1]

⑤ 青铜拿着一只大布口袋，钻进芦苇荡的深处，挑那些毛绒绒的、蓬松松的、闪着银光的芦花，将它们从穗上捋下来。头年的不要，只采当年的。那芦花很像鸭绒，看着，心里就觉得暖和。妹妹葵花跟着青铜，一起走进芦苇荡。她仰起头来，不停地寻觅着，见到特别漂亮的一穗，她不采，总是喊："哥，这儿有一穗！"青铜闻声，就会赶过来。见到葵花手指着的那一穗真是好花，就会笑眯眯的。

⑥ 当第一双男鞋和第一双女鞋分别从爸爸和妈妈的手中编织出来时，全家人都很开心。两双鞋，在一家人手里传来传去地看个没够。

⑦ 这两双芦花鞋，实在是太好看了。那柔软的芦花，竟像是长在上面的一般。被风一吹，那花都往一个方向倾覆而去，露出金黄的稻草来。让人想到落在树上的鸟，风吹起时，细软的绒毛被吹开，露出身子来。两双鞋，既

像四只鸟窝，又像两对鸟。

⑧青铜一家，老老少少，将所有空闲都用在了芦花鞋的编织上。他们编织了一百零一双鞋。第一百零一双是为青铜编的。青铜也应该有一双新的芦花鞋。

【第一部分（①—⑧段）：写青铜一家人编织了一百零一双芦花鞋。】

⑨接下来的日子里，青铜天天背着几十双芦花鞋到油麻地镇上去卖。那些芦花鞋实在太招人喜欢了，一双一双地卖了出去，仅仅过了三天，就只剩下十一双了。

⑩天下了一夜大雪，积雪足有一尺厚，早晨门都很难推开。雪还在下。

⑪奶奶对青铜说："今天就别去镇上卖鞋了。"爸爸妈妈也都对青铜说："剩下的十一双，一双是给你的，还有十双，卖得了就卖，卖不了就留着自家人穿。"葵花也一个劲地说："哥，今天就别去卖鞋了。"[1]

⑫但青铜却坚持着今天一定要去镇上。他对奶奶他们说："今天天冷，更会有人买鞋的。"[2]

⑬妈妈说："那你选一双穿上，不然就

[1]奶奶、爸爸、妈妈和葵花的话透射出全家人对青铜的关心。

[2]青铜说的话表现了他的执着，显示了他想尽量为家人分忧的责任感。

别去了。"

⑭青铜同意了。他挑了一双适合他的芦花鞋，将脚洗得干干净净，穿上了。然后拿起余下的十双芦花鞋，朝大人们摇摇手，便跑进了风雪里。

【第二部分（⑨—⑭段）：写在一个大雪天，青铜不顾家人的劝说坚持去镇上卖芦花鞋。】

⑮到了镇上一看，街上几乎没有人，只有大雪不住地抛落在空寂的街面上。不一会儿，挂在绳子上的十双芦花鞋就落满了雪。

【空寂】
空旷寂静。

⑯对面屋子里围炉烤火的人招呼青铜："进屋里来吧，这里能看到你的鞋，丢不了。"青铜摇了摇手，坚持守在芦花鞋旁。

⑰到了中午，雪大了起来，成团成团地往下抛落。望着漫天大雪，青铜在心里不住地说着："买鞋的，快来吧！买鞋的，快来吧！……

⑱雪在他的祈求声中，渐渐停了。青铜将芦花鞋一双双取下，把落在上面的积雪扑打干净后，重又挂到绳子上。

【祈求】
恳切地希望
或请求。

⑲这时，街上走来一行路过这里的城里人，马上要过年了，他们要从这里坐轮船回城里去。

他们或背着包，或提着包，一路说笑着，一路咯吱咯吱地踩着雪走过来。青铜没有招呼他们。因为他认为，城里人是不会买他的芦花鞋的，他们只穿布棉鞋和皮棉鞋。

⑳ 但他们走过芦花鞋时，却有几个人停住了。其余的见这几个人停住了，也都停住了。那十双被雪地映照着的芦花鞋，一下吸引住了他们。其中肯定有一两个是搞艺术的，看着这些鞋，嘴里啧啧啧地感叹不已。他们忘记了它们的用途，只是觉得它们好看——不是一般的好看，而是特别的好看。他们一个个走上前来，用手抚摸着它们——这一抚摸，使他们对这些鞋更加喜欢。还有几个人将它们拿到鼻子底下闻了闻，一股稻草香，在这清新的空气里，格外分明。

㉑ 一个人说："买一双回去挂在墙上，倒不错。"好几个点头，并各自取了一双，唯恐下手晚了，被别人拿了去。

【唯恐】
只怕。

㉒ 一共九个人，都拿了芦花鞋，其中一个人拿了两双，十双鞋都在他们手中了。接下来就是谈价钱。青铜一直疑惑着，直到人家一个劲地问他多少钱一双，他才相信他们真的要买这些鞋。他没有因为他们的眼神里闪现出来

的那份欣喜而涨价，还是报了他本来想卖的价。他们都觉得便宜，二话没说，就付了钱。青铜抓着一大把钱，站在雪地上，一时竟有点儿反应不过来。[1]

【第三部分（⑮—㉒段）：写青铜在风雪中意外卖掉十双鞋。】

㉓ 天晴了，四周一片明亮。青铜沿着来时的路往回走着。

㉔ 有一个人朝他追了过来，并在他身后大声喊着："孩子，你停一停！"青铜停下了，转过身去，疑惑地望着向他跑过来的人。那人跑到青铜跟前，说："我看到他们买的芦花鞋了，心里好喜欢，你还有卖的吗？"青铜摇了摇头，心里很为那人感到遗憾。那人失望地一摊手，并叹息了一声。青铜望着那个人，心里觉得有点儿对不住他。

㉕ 那人掉头朝轮船码头走去。

㉖ 青铜掉头往家走去。

㉗ 走着走着，青铜放慢了脚步。他的目光落在了自己脚上的那双芦花鞋上。雪在芦花鞋下咯吱咯吱地响着。他越走越慢，后来停下了。他看看天空，看看雪地，最后又把目光落在了

---

[1] 青铜并没有因为他们的喜爱而涨价，可以看出青铜的纯朴与善良。

【遗憾】指不满意、悔恨、不甘心的事情，由无法控制的或无力补救的情况所引起的后悔。

自己脚上的芦花鞋上。

㉘ 他觉得双脚暖和和的。

㉙ 但过了一会儿,他将右脚从芦花鞋里拔了出来,站在了雪地上。他的脚板顿时感到了一股针刺般的寒冷。他又将左脚从芦花鞋里拔了出来,站在了雪地上。又是一股刺骨的寒冷。他弯下腰,捡起了那双芦花鞋,放到眼前看着。因为一路上都是雪,那双鞋竟然没有一丝污迹,看上去,完全是一双新鞋。他笑了笑,掉头朝那个人追了过去。

㉚ 他的赤脚踏过积雪时,溅起了一蓬蓬雪屑……[1]

【第四部分（㉓—㉚段）：写青铜卖掉了脚上的芦花鞋。】

[1] 为了不让这位喜欢芦花鞋的人失望,青铜宁可赤脚走在雪地上,反映了青铜的敦厚与善良。

作品赏析

课文记叙了青铜把家里人编织的一百零一双芦花鞋拿到油麻地镇上去卖,几个城里人买光了最后十双鞋。回家路上,青铜又遇到一位喜爱芦花鞋的顾客,青铜最后脱下自己的芦花鞋朝那人追去。表现了青铜勤劳、淳朴和善良的美好品质。

///////////////////////// 积累与表达 /////////////////////////

字 词 我 来 记

会写的字

biān 编	部首	笔画	结构	造字	组词
	纟	12	左右	形声	编织　编排
辨字	骗（骗子　受骗）　偏（偏远　偏偏）				
字义	1.把细长条状的东西交叉组织起来。　2.捏造。　3.编辑。				
造句	奶奶给我编织的毛坎肩很漂亮。				

xián 闲	部首	笔画	结构	造字	组词
	门	7	半包围	形声	空闲　闲钱
辨字	闭（关闭　闭门思过）　闪电（闪电　躲闪）				
字义	1.没有事情；没有活动；有空（跟"忙"相对）。　2.（房屋、器物等）不在使用中。				
造句	这块地空闲着真可惜，种上一些白菜吧。				

zuān 钻	部首	笔画	结构	造字	组词
	钅	10	左右	形声	钻入　钻孔
辨字	粘（粘贴　粘连）　占（占有　占据）				
字义	1.穿过；进入。2.用尖的物体在另一物体上转动,造成窟窿。				
造句	他们像泥鳅那样一下子钻入水中。				

mì 觅	部首	笔画	结构	造字	组词
	见	8	上下	形声	寻觅　觅食
辨字	览（游览　展览）				
字义	寻找。				
造句	燕子到处寻觅安身之地。				

jì	部首	笔画	结构	造字	组词
寂	宀	11	上下	形声	寂静　孤寂
	辨字	淑（淑女　贤淑）　椒（辣椒　花椒）			
字义	1.寂静。2.寂寞。				
造句	夜深了，热闹的广场变得十分寂静。				

会认的字

cuō	组词
搓	搓手 搓澡

kuí	组词
葵	向日葵 葵花

qí	组词
祈	祈祷 祈求

yí	组词
遗	遗憾 遗产

hàn	组词
憾	憾事 抱憾终生

wū	组词
污	污染 污水

多音字

涨┏ zhǎng（涨潮）（涨价）
　　┗ zhàng（涨大）（涨红）

辨析：表示"水量增加，水面高起来"和"价格提高"时，读 zhǎng，如涨水，物价飞涨；表示"体积增大""（头部）充血""多出来"时，读 zhàng，如豆子泡涨了，涨红了脸。

近义词

祈求—请求　　兴奋—高兴　　寻觅—寻找
柔软—柔和　　空寂—空旷　　抛落—掉落
感叹—感慨　　唯恐—生怕　　疑惑—困惑

反义词

厚实—轻薄　　　柔软—坚硬　　　暖和—冰冷

坚持—动摇　　　空寂—热闹　　　一般—特别

暖和和—冷冰冰　　　亮堂堂—黑沉沉

日积月累

1.那鞋很厚实，像暖和和的鸟窝。

2.想到这笔收入，全家人都很兴奋，觉得心里亮堂堂的，未来的日子亮堂堂的。

3.青铜拿着一只大布口袋，钻进芦苇荡的深处，挑那些毛绒绒的、蓬松松的、闪着银光的芦花，将它们从穗上捋下来。

4.那芦花很像鸭绒，看着，心里就觉得暖和。

5.这两双芦花鞋，实在是太好看了。那柔软的芦花，竟像是长在上面的一般。被风一吹，那花都往一个方向倾覆而去，露出金黄的稻草来。让人想到落在树上的鸟，风吹起时，细软的绒毛被吹开，露出身子来。两双鞋，既像四只鸟窝，又像两对鸟。

6.他们或背着包，或提着包，一路说笑着，一路咯吱咯吱地踩着雪走过来……其中肯定有一两个是搞艺术的，看着这些鞋，嘴里啧啧啧地感叹不已。

读后感想

《芦花鞋》读后感

今天我学习了《芦花鞋》这篇课文，青铜一家人为了增加收入，编织了一百零一双芦花鞋，打算卖掉其中的一百双。他们一家人的生活虽然清苦，但过得有滋有味，对美好的生活充满向往。课文中很多地方的描写让人感到温馨、美好，如芦花的美，芦花鞋的美，兄妹俩采芦花的美好情景，兄妹间的友爱，一家人温馨而质朴的生活……处处充满了美感。特别是对芦花鞋的描写，把芦花鞋上柔软的芦花想成鸟身上细软的绒毛，把两双鞋想象成四只鸟窝、两对鸟，让人感受到芦花鞋的温暖与美好。

在一个大雪天，青铜不顾家人的劝说坚持去镇上卖芦花鞋。这说明青铜是一个多么懂事的孩子啊，他要尽量为家人分忧。

有几个城里人看到青铜的芦花鞋，非常喜欢，当问到价格时，青铜并没有因为他们的喜爱而涨价，可以看出青铜是一个纯朴与善良的人。

有一个人看上了芦花鞋，但是青铜已经卖完了，为了不让这位喜欢芦花鞋的人失望，青铜脱下自己脚上的芦花鞋，卖给他，这说明青铜是一个敦厚、朴实的人。

我们一定要向青铜学习，学习他那勤劳、朴实、善良、坚强的精神，在人生的道路上要有一个积极乐观的心态。

精彩语句

1. 课文中很多地方的描写让人感到温馨、美好。

这是个过渡句，由上文总体说青铜一家的温馨、幸福，过渡到具体说明。通过例举几个场景来表现生活的美好。

2. 青铜是一个多么懂事的孩子啊，他要尽力为家人分忧。

青铜是一个纯朴与善良的人。

青铜是一个敦厚、朴实的人。

通过三段具体的描写来分析说明青铜的性格特征，表明青铜是一个值得我们学习的好榜样。

妙笔生花

我们身边充满了真善美，请你选取别人或自己经历过的事情，给大家分享一下吧！

_____

_____

_____

_____

_____

_____

_____

_____

/////////////////// 知识乐园 ///////////////////

一、给加点的字选择正确的读音。

搓进（chuō　cuō）　　　葵花（héi　kuí）

祈求（qí　　　qǐ）　　　遗憾（hàn　hàng）

污迹（wū　　　kuī）　　　雪屑（xuè　xiè）

二、写出加点词语的近义词。

1.这里出产一种冬天穿的芦花鞋。（　　　　　）

2.想到这笔收入，全家人都很兴奋。（　　　　　）

3.她仰起头来，不停地寻觅着。（　　　　　）

三、先把词语补写成 ABB 式，再填入句子中。

暖＿＿＿＿＿＿　　亮＿＿＿＿＿＿　　毛＿＿＿＿＿＿

1.那鞋很厚实像（　　）的鸟窝。

2.青铜拿着一只大布口袋，钻进芦苇荡的深处，挑那些

（　　）的芦花。

3.想到这笔收入，全家人都很兴奋，觉得心里（　　　　）

的。

四、句子天地。

1.有一个人朝他追了过来（　）并在他身后大声喊着

（　）孩子（　）你停一停（　）（给句子加上正确的标点。）

2.两双鞋，既像四只鸟窝，又像两对鸟。（用加点的

词语仿写句子。）

＿＿＿＿＿＿＿＿＿＿＿＿＿＿＿＿＿＿＿＿＿＿＿＿＿＿＿

3.那鞋的制作工序是：先将上等的芦花采回来，然后将它们均匀地搓进草绳里，再编织成鞋。（用加点的词语写连续动作。）

_____

4."他们忘记了它们的用途，只是觉得它们好看——不是一般的好看，而是特别的好看。"一句中破折号的作用是（　　）

A. 表示解释说明　　　B. 表示声音的延长

C. 表示转折　　　　　D. 表示意思的递进

五、请你根据对青铜的了解，展开合理想象，将被省略的内容写出来。

他的赤脚踏过积雪时,溅起了一蓬蓬雪屑……_____

_____

_____

作家经典作品

自主阅读

雪柿子

这是很久很久以前的故事。

一

整个夏季和秋季，天空没有掉下一滴雨，所有的庄稼都枯死了。冬季来临时，这个拥有百十户人家的山村开始了饥饿的煎熬。

米桶、米缸都空了。明明是空了，大人和孩子还是禁不住要打开盖子看一看。真的空了，一丝不剩地空，干干净净地空。饥饿的孩子不死心，把脑袋伸进米桶或米缸，还用手在里面仔细地摸索了一阵。

空了！

饥饿的孩子还未灭尽一颗童心，把头埋进米桶或米缸里，从嘴里发出声音。那声音出不来，在米桶或米缸里旋转着，轰鸣着。孩子觉得这很有趣，便放开了喉咙，声音嗡嗡地响着，有点儿像天边的雷声。

孩子终于不再游戏，脑袋慢慢抬起来时，脸色苍白，眼角不知何时已挂上了泪珠。

人们开始用带长柄的铁叉挑起头年的麦秸、豆秸，一个劲儿地抖动着，企图抖落下一些残留的麦粒和豆粒；人们把本想用于喂猪的米糠，用细眼的筛子重新筛了一遍，把一些看不出来的碎米全部筛了出来；人们把芦根从泥里挖出，晒成干儿；人们几乎搜遍了前后左右的山，将凡是可以充饥的野菜、果实，全部搜罗回家中……

一个漫长的冬季，像一条黑洞洞的隧道，似乎是无底的。

大人们要带领孩子们穿越这条隧道，走向春天，走向来年收获的季节。

孩子们已不再像小疯子一般在外面玩耍，一个个，或睁着饥饿的眼睛躺在凉丝丝的床上，或是坐在门槛上，用无神的目光，看着瘪着肚皮、摇摇摆摆地在寻找食物的狗或猫，无心玩耍，也无力玩耍。

瘦。

一切有生命的，都在变瘦，人瘦，猪瘦，狗瘦，连鸟儿都瘦。

衣服变大了，床变大了，房子变大了，村巷变大了，天和地变大了。人们在天底下走着，像一根根长长短短的筷子。

满目的荒凉，在这冬季里，让人感到有点儿绝望。终于，有鸟在天空中飞着飞着掉了下来。有人捡起来，用手摸了摸说："嗉子里没有一点儿食，就剩下骨架了。"

河里，没有鱼虾。

夜晚，狗虽然还吠，但声音非常疲软，更像是哼唧。偶尔，会有个孩子奔跑起来，大人看到了，心立即紧缩起来，向那孩子叫着："慢点慢点，省着点力气吧！"那大人看到的是越来越饥饿的明天。

食物日渐短缺，人们的眼睛在日渐变大。学校的老师看见孩子们的眼睛时，无缘无故地想到了铃铛，一对对铃铛。

隔个几天，就会看到有一个乞讨的人走过村庄。男的或女的，一身尘埃，脚步既沉重，又虚飘。不听口音，就知道那人是从远方来的。饥荒不只是降临在这个小山村，而是降临在一个非常广阔的区域里。乞讨者明明知道，这小山村已很难施舍，但还是一家一家地乞讨着："给口吃的吧。"声音疲惫，像是在自言自语。

小山村的人因无力施舍这个乞讨者，而心里感到内疚。前面的人家知道这个乞讨者马上就要走过来了，干脆早早地关上门，然后躲在门后，从门缝里看那乞讨的人慢慢地走过。

这天早上，女孩蓬草背着书包第一个走进教室，不久，尖叫着从里面跑了出来，见了树鱼、丘石儿、桐子他们几个男孩，才站住。然后，她用手指着教室："死……死人！"

这几个男孩愣了一下，随即跑进教室，但随即又抢着跑了出来，并一时忘记了饥饿，大声喊叫起来。

老师来了。

老师在前，树鱼他们跟在老师后面，慢慢地走进教室。

在用两张课桌拼成的"床"上，躺着一个衣衫单薄的乞讨者。这是个上了年纪的人，细高个儿。大概，他于昨天天黑时乞讨到了这儿，摸黑进了这个教室。他本想在这里睡一觉，明天再上路的，但饥饿和寒冷使他永远停止了脚步。

他是个外乡人。

这个脸色如白纸一般、嘴巴很难合拢的乞讨者，让树鱼他们害怕了。整整一个上午，他们都在发抖，不仅是身子，心也在发抖。

第一个见到死人——那个乞讨者的蓬草，什么话也不说，眼睛睁得大大的，眼睛深处是不安和恐惧……

二

树鱼很迟才起床。那时，太阳光已照在窗子上。放在往常，树鱼早在床上待不住了。树鱼贪玩儿，是出了名的。不玩，就等于要树鱼的命。他总是起早贪黑地玩儿。老师说："玩儿，也得能吃苦。"可是现在，树鱼天天睡懒觉，不到万不得已不起床，能在床上多睡一会儿就多睡一会儿。

大人们也赞成，这叫省力气。勤劳的大人们也不再起早贪黑了，一是觉得遇上这么一个糟糕的年头，起早贪黑也没什么意义，忙也忙不出什么粮食；二是觉得，这样可以保存力气，好挨过这个冬季。

早晨，只能喝一碗稀粥。说是稀粥，其实只是清寡的米汤。一碗粥，拿筷子搅动，只能看见几粒米，那米粒都能一粒一粒地数清楚。

很快，树鱼就饿了。

饿得心发慌。

树鱼有点儿挺不住了，就往后山上爬去。也许，能在山上找到一些草籽或果实什么的。往年的山上，是有很多东西可以作为食物下肚的。

前几天一直在下雪，山已被厚厚的雪覆盖了。

树鱼找了一根棍子当作拐杖，往山上爬着。倒也不冷，他甚至还感到有点儿温暖。

树鱼仰头看着那些树：黑桃树、山楂树、野梨树……他希望能在枯枝上看到一两颗残留的果实。

没有，没有，没有……

那些树已经被无数同样饥饿的目光扫视过了。那些目光织成密密的网子，将这山上所有的果树都过滤过了。过滤得真干净。

树鱼只好用手扒开积雪，在草丛中寻找着。他居然找到了一颗松果。他眼前并没有松树。这松果大概是一只松鼠从远处搬来的，在半道上扔了。他居然从中抠出两颗松子来。他咬碎了松子壳，小心地将里面的松仁剥了出来。他很兴奋地把它丢进嘴里，用雪白的牙齿慢慢地咀嚼。松仁油性很大，浓稠的汁液缓缓地流向喉咙，使他感到湿润。

他用了很长时间才将两颗松仁吃掉。

他不能着急，尽管很饿，饿得有点发昏，但他必须克制住，慢慢地享用它们。

那个时刻，两颗松子是这世界上最金贵的东西。

他继续寻找着，可是，再也没有新的发现。这时，他已经爬到了山顶。站在山顶上，他的身体开始摇晃起来。是因为山顶的风大吗？是因为太阳光的炫目让他有点眩晕吗？是因为他往下看了一眼，深深的山谷让他有点发晕吗？还是因为他饿了，心慌、眼黑腿软？

他竭力想让自己稳稳地站住，但他的身子却控制不住地摇晃着，越来越厉害。

他有点儿害怕了。他想让自己坐下来歇一会儿，然后赶紧下山回家，躺到床上去。但还没有等到他去完成这一想法，眼前便唰地一黑，一头栽倒了，并骨碌碌地滚到山坡上，然后，顺着山坡，骨碌碌地滚向谷底。

坡上也是厚厚的雪。

树鱼在往下滚动时，并不显得惊心动魄。他的滚动甚至卷起了积雪，看上去，他像裹了一条厚厚的松软的白色棉被。

他毫无知觉，像在被子里睡觉的婴儿。

这是一处人们很少光顾的山坡，下面的谷底也很少有人到过。

树鱼躺在谷底。

他居然没有很快醒来，而在那里躺了很久。

从山谷那头吹来的冷风终于冻醒了树鱼。他感到寒冷，但没有立即爬起来。他躺在松软的雪上，朝天空望去。那时，他觉得天空很高很高，山也很高很高。他搞不清楚自己怎么躺在了这里。

他不感到害怕。

他的脑子已经很清醒了，并且觉得身上已经有了力气。他要赶紧回家去，万一回不去，那可就糟糕了。

他有点儿口渴，抓了一小把洁白的雪丢进嘴里。他咀嚼着雪，还发出咔嚓咔嚓的声音。当雪变成水流过喉咙时，他觉得涓涓细流在流向他的心脏。他更加清醒了，并且觉得身体很舒服。他爬了起来，好像并不困难。

他站在谷底，转动着身子，在寻找容易往山上爬的地方。

这里见不到任何一条路，所有登山人留下的路，都被大雪覆盖了。

就在他的身体转动了半圈，面向一处有些隐蔽的山坳时，他一下跌入了梦境：

在那个无人会走到的山坳里，长着一棵柿子树，那柿子树上居然挂了一树柿子！

他觉得，自己又有点要站不住了。但这一回，他没有晕倒。他情不自禁地摇晃了一阵，终于稳住了自己，他向那棵柿子树走去。

柿子树落尽了叶子，只剩一根根完全裸露的树枝。

枝头挂着的柿子一般大小，上面小部分落着雪，看上去像白糖，下面大部分因被雪水洗过呈金红色，透亮，如同打过蜡。

正有一束阳光从山顶的一个豁口照在柿子树上，使那棵柿子树仿佛是在天堂，在仙境里。

望着静穆的柿子树，树鱼无端地想到那柿子到了夜晚，会一颗颗亮起来。

他已没有一丝饥饿的感觉，只是久久地、出神地望着这棵柿子树。

一树的柿子晶莹剔透，如玉琢成的一般。

这不是童话，而是一个叫树鱼的孩子看得真真切切的实景。

这个孩子是在大饥荒的光阴里看见这幅画的……

三

现在，树鱼拥有了一树柿子。

望着这一树美丽而生动的柿子，树鱼还没有吃，心先甜了起来。

他的眼睛很亮很亮，双手抱着放在胸前，几乎要哭了。

他叫了一声"爸爸"，又叫了一声"妈妈"，然后环顾四周，终于知道现在只有他一个人在这谷底，不禁笑了起来。

他决定爬上树去，先摘下一颗柿子吃掉，再摘两颗带回家中，其余的都留着。他要省着吃，吃一个冬季。

就在他准备爬树时，山顶上隐隐约约地传来了呼唤声——呼唤他的。

呼唤声渐渐大了起来，他听出来了，是许多孩子的呼唤声。他侧耳听去，听出了桐子的声音、蓬草的声音，还有丘石儿的声音。

他不喜欢丘石儿。他们是对头。他讨厌丘石儿，十分讨厌。他们总是说不到一起去，玩不到一起去。他们甚至见了面都不说话，就当没有看见对方，脑袋一偏，装着看别的什么，走了过去。整个山村的人都知道，他们是"敌人"。

使他们成为"敌人"的原因，一是因为两家的大人，二是因为他们自己。两家大人曾因为争一小块相邻的地而打得头破血流，最终，是村长出面调解，才算有了一个解决办法，但从此两家大人不再说话，不再来往。除此原因，树鱼觉得丘石儿总是一副牛气哄哄的样子。不就是成绩好嘛！有什么了不起的！而丘石儿总觉得树鱼老想着把其他孩子拉拢到他那一边。丘石儿在心里说："我倒要瞧瞧，他们都愿意跟谁好！"

在这些山村孩子的眼睛里，他们两个都是"强人"，因此，他们都不选定一人，而是游移在两人之间。对于两人之间的敌对，他们一个个就装着没有看见。

孩子们的呼唤声已变得十分清晰。

呼唤声中，是焦急，十分焦急。

实际上，人们寻找树鱼已经有两个多小时了。先是妈

妈发现他不见了，然后妈妈告诉了爸爸。起初，他们以为树鱼出去找孩子们玩了，并没有特别在意，只是随便问了两三个孩子。在他们都说没有见过树鱼后，爸爸妈妈有点儿着急了，就呼唤起来。他们见没有回应，呼唤声就大起来，依然没有回应。当爸爸妈妈的呼唤声越来越大，呼唤声中透露出来的焦急越来越浓重时，就有很多大人和孩子参与进来。他们找遍了整个山村，各个人家、小学校、村前的寺庙、小电站……把树鱼可能去的地方都找遍了。

谁也没有想到树鱼会去那座山上。

山村的周围有好几座山，那座山是一座最不好看、最无趣的山，平常很少有人会去。而树鱼去那座山，正是因为树鱼想到很少有人去那儿。他想："也许，这样倒有可能找到一些食物。"

是丘石儿想到了这座山："说不定，他去了那儿。"

大人们似乎对这座山不抱希望，说："那么，你们小孩子，就去那儿找一找吧。"他们继续围在一起，在推测树鱼此刻究竟会在哪儿。他们让树鱼的爸爸妈妈再仔细回忆回忆，树鱼究竟是什么时候离开家的，走时有没有说过什么，他过去去过什么地方……

树鱼的妈妈一直在哭。因为，这山村曾不止一次地发生过可怕的事情：一个人在大雪封山的日子里忽然不见了，到了春天，等大雪融化后，发现他躺在山坡下或山谷里。那人去山里，陷在了大雪的窟窿里，或是正走着，雪崩了，把他压在了雪下。

所有的孩子都很紧张。虽然一个个都很饥饿，浑身没有力气，但在这几个小时里，他们却好像完全不在饥饿的状态里，不住地奔跑着，呼唤着。随着能去的地方一个一个地被找过，他们越发紧张起来。

丘石儿今天本来打算一天安安静静地躺在床上的。因为妈妈昨天晚上说，今天一天，他们只能吃一顿稀饭，因此，最好不要到处乱跑，免得饿倒。当听到外面找树鱼的嚷嚷声时，他立即从床上爬了起来，并马上加入到孩子们的队伍中。

大饥荒时期，孩子们的心似乎变得脆弱起来，柔软起来。他们忘记了过去很多事情。

丘石儿在前面走着，几十个孩子在后面跟着。

他们在山脚下发现了一行通往山顶的脚印。

这一发现让他们全都兴奋了起来。沿着这行脚印，他们一边呼唤树鱼，一边往山顶爬去……

树鱼听到孩子们的呼唤声，感觉他们正往这边找过来时，看了看柿子树，暂时放弃了爬树摘柿子的打算。

他不想让孩子们看到这棵柿子树。

它是他的，只属于他。

他看了看山坡，朝相对不算陡峭的坡面走去。他要很快回到山顶上，然后装成若无其事的样子，和孩子们一起回到村子里。

在他还没有爬回山顶时，孩子们就都已到达了。

看到树鱼正往山顶上爬，孩子们问："树鱼，你怎么在这儿呀？"他们一个个顿时都没有了力气，坐了下来，向下看着正往上爬的树鱼。

树鱼爬到了山顶。

"你干吗去了？"

"你怎么会从那儿爬上来呢？"

"你是摔倒了滚到下面去了吗？"

见到树鱼好好的，孩子们都很高兴，女孩们甚至哭了起来。

树鱼说："我上山找吃的，不知怎么回事，在山顶上跌倒了，滚落到了下面。"

"快回家吧。"已很久没有与树鱼说话的丘石儿对树鱼说。当然，他并没有看着树鱼说。

树鱼的心动了一下。

丘石儿站了起来。他本打算往山下走的，却迈不动脚步了。他摇晃着，像风中一棵瘦弱不堪的树苗。丘石儿本来就瘦，进入冬季之后，又一天天地瘦下去，现在，已瘦得薄薄的，风随时能把他吹跑。

他使劲想使自己站住，但最终还是一头栽倒在雪里。

孩子们立即将丘石儿团团围住，不住地叫着："丘石儿！丘石儿……"

树鱼双腿跪在丘石儿身边，抓起一把雪，放在丘石儿的额头上。

过了一会儿，丘石儿醒来了。他朝树鱼笑了笑，朝孩子们笑了笑。等丘石儿缓过劲儿来，孩子们搀扶着他一起往村里走时，树鱼总落在后面。

一树的柿子。

不知出于什么心情，孩子们在下山时，还唱着歌儿。

树鱼跟着唱，唱着唱着停住了，向孩子们喊道："你们站住！"

孩子们站住了，回过头来，望着他。

树鱼说："你们不想到山那边看看吗？山底下有条小溪，说不定有鱼呢！我们可以抓鱼烤了吃！草丛里还有橡果！你们都不饿吗？"

孩子们既疑惑又惊喜，

"来！跟我来！"树鱼招了招手，"来呀！"

孩子们都转过身。

树鱼走在前头。

孩子们跟着。

重新回到山顶之后，树鱼指了指下面："谁都不用怕，下面是雪，可厚了，只管往下滚就行了……"说完，他往前一冲，倒在了山坡上，骨碌碌地滚了下去。他的身后扬起一蓬蓬细雪来。

到了下面，树鱼摆出一副很舒服的样子，在那儿躺了一会儿，然后站起来，向山顶上的孩子们招着手："下来呀！下来呀……"

先是桐子滚了下去。

桐子与树鱼一起向山顶上招了招手之后，男孩们、女孩们都争先恐后地向下滚去。

不一会儿工夫，他们就都滚到了山脚下。

真有一条小溪，一半结着冰，一半没有结冰，在淙淙流淌。遗憾的是，他们并没有发现鱼。

草丛里倒确实有橡果，不知是被什么鸟叼到这里的。

树鱼一边和孩子们一起找橡果，一边悄悄地引导着孩子们往那棵柿子树走去。现在，它正被山坡的一道褶皱挡着。

树鱼已经看到了柿子树，但他做出一副聚精会神地找橡果的样子，蹲在地上，扒着压在草上的雪。

蓬草突然叫了起来："柿子树！"

孩子们全都跑了过来……

四

寒冷的冬季，这棵柿子树让受着饥饿煎熬的孩子们感到震撼。

他们谁也不说话，只是静静地看着它。

一时间，他们忘记了饥饿。这一颗颗看上去鲜艳而温润的柿子，却并没有让他们想到它们是可口的美味，是可充饥的。

他们开始数枝头的柿子。数来数去，总是有好几个不同的数字。反复数了五六遍之后，才终于有了一个大家认可的数字：三十六颗。

他们又观望了一阵，这才想到吃上。

树鱼又有点儿后悔了，但他却说："我们分了它们吧。"他心里感到了疼。

孩子们都表示赞成。

丘石儿总是显得比其他孩子成熟。他说："先留着吧。现在，各个人家都还能对付着呢！等到家家户户都没有一点儿吃的了，我们再来摘吧。"他提出了另一个更实际的问题，"再说，也不够每人分一颗。"

立即有孩子去点人数。

丘石儿说："不用点了，我们一共三十八人。"

点数的孩子有点儿怀疑丘石儿说出的数字，继续清点，直到自己清点的人数也是三十八人，才停止清点。

丘石儿说："我们饿了，可以到柿子树下坐一会儿，只看不吃。"他望着所有孩子的眼睛，说，"你们同意吗？"总是与丘石儿唱反调的树鱼第一个站出来支持丘石儿的想法。

孩子们你看看我，我看看你，再看看枝头的柿子，最终，也都同意了丘石儿的想法。

丘石儿说："谁也不准私自摘一颗。"

丘石儿先与树鱼击掌，然后，与其他孩子一个一个地击掌。

孩子们互相击掌。

山谷里响起一片击掌声。

树鱼说："除了我们，不要让任何人知道！"

丘石儿和孩子们都赞成，又是一番互相拉钩、发誓。他们定了下一次来柿子树下的时间之后，脑海中带着柿子树的美好形象，情绪饱满地回家去了。

那一颗颗柿子仿佛凝固在了枝头，整个柿子树都仿佛凝固在了那片山坳里。似乎，百年、千年，它永远那样立着。似乎，它早已这样立在那儿，有百年、千年了。

孩子们围着看这些柿子时，从未有过它们中间可能会有一颗突然坠落的担忧。

他们在柿子树下玩耍，有时，会想到吃掉它们，但更多的时候，只是想看看它们。看到它们，就欢喜，就快乐，就不忧愁，就不心慌。看着它们，嘴里就会有甜甜的味道。

他们并不总是看着柿子树，在这片很少有人到达的谷底，还真能不断地找出一些食物来：核桃、山楂、烂了而被冻住了的各种果实……有一天，他们居然在小溪里真的捕到了一条一斤多重的鱼。他们将这条鱼烤了，每个人都分得一点点。

每次离开柿子树之前，他们照例会数一数枝头的柿子，然后再静静地观望一阵。食物越来越少了，有的人家已再也没有任何充饥的食物了。已有人将家门用石块堵上，再抹上泥，背了铺盖卷，在没有人看得见的情况下到他乡行乞去了。

村里人心惶惶的。

树鱼家从远房亲戚家借来的粮食也快吃完了。

妈妈看着盆子里所剩无几的粮食,愁容满面。

树鱼一天只能喝一顿稀粥了。

他走路发飘,会下意识地扶着墙壁或扶着树。他不敢仰头看太阳。今年冬季的太阳特别亮,他看了就晕。

那棵柿子树越来越频繁地出现在他的眼前,出现在他的梦里。

他已一次又一次地后悔:那天,不该让他们看见柿子树的。

三十六颗柿子啊!

多么宝贵啊!

这天夜里,树鱼饿得怎么也睡不着。他心里不住地想那棵柿子树,若不是害怕夜晚的山谷,他几乎就要起床,拿一只篮子在夜深人静之时,走向那座山,然后滚下去,再爬上树去,把柿子全部摘回家。

那棵柿子树可是他发现的,他有权这样做。

第二天一早,他在村里的人还没起床时,悄悄地走向了那座山。他没有带篮子,他只想爬到柿子树上,摘一颗柿子。

来到山顶后,他向四周看了看,见没有人,就将自己放倒,顺着山坡滚了下去。

他很快爬了起来，向柿子树跑去。

很快，他又停住了。

一个孩子正抱着柿子树的树干，往上爬着。

那个孩子听到了动静，立马僵在了那里，不上也不下。

当那个孩子扭过头来时，树鱼一下子看清楚了他的面孔：桐子！

桐子僵在树上半天，手一松，几乎是跌落在地上。他把头勾在胸前，久久没有抬起。

不一会儿，树鱼听到了桐子的哭泣声。

树鱼走上前去，轻轻摇着桐子的肩头。

桐子的哭声大了起来。

树鱼更用力地摇着。摇着摇着，桐子的哭声才渐渐变小。

桐子终于抬起头来，羞愧万分地望着树鱼："我……我实在太……太饿了……"

树鱼点了点头。不知为什么，他也想哭。他对桐子说："要么，你爬上去摘一颗吧！"

桐子看也没看树上的柿子，只是一个劲地摇着脑袋："我……我不饿了……"

树鱼和桐子背靠着柿子树坐下了。

树鱼说："那天，我在你们之前，已经看到这棵柿子树了，你相信吗？"

桐子点了点头："相信。其实那天往回走时，丘石儿已对我说了，他说，你已看到过这柿子树了，你是想让我们都看见它……"

树鱼一下哭了起来……

五

临近过年时，丘石儿终于倒下了。

那天，树鱼听到了风声：明天上午，丘石儿一家将会把门封上，往西边去。听人说，越往西边走，那边的人家就越有粮食，多少能乞讨到一口吃的。丘石儿的爸爸妈妈要让他们的儿子度过这场大饥荒，要活下去！

第二天一早，树鱼把那天看到柿子树的孩子都叫上了，加上他，一共三十七个人。他领着他们来到了那片山谷，然后，在三十六双眼睛的注视下，他慢慢地爬上柿子树，摘了一颗柿子。

大约十点左右，一辆板车从村巷的东头过来了。

拉车的是丘石儿的爸爸。

丘石儿的妈妈跟在后面，帮着推车。

车里躺着的是丘石儿，他的眼睛又大又亮。他很瘦，躺在被子里都看不出被子里躺了一个人，但丘石儿微笑着，仿佛很高兴出远门去，很高兴躺在板车上让爸爸拉向别处。

孩子们迎着板车跑了起来，一会儿就将板车围住了。

树鱼亮出了那颗柿子。

那颗柿子在寒冷的空气里，似乎放射着夺目的光芒。

丘石儿有点儿惊讶。

树鱼说："我们就只摘了这一颗。"他把柿子轻轻地放在了丘石儿胸口的位置上。

孩子们看着拉丘石儿的板车，一直到它消失。

丘石儿走后，孩子们还会不时地来到柿子树下。

还剩三十五颗，但自此，他们没有再摘一颗。

不久，来自远方的救济粮食运到了这个萧索的山村。

人们终于熬过了这个漫长的冬季。

春天说来就来，是伴随着轰隆隆的脚步声走来的。

厚厚的积雪开始融化，像油膏一般滋润着大地。万物从头年的干涸中苏醒，开始蓬勃地生长，随即就有了各种各样充饥的食物。更让人们喜悦的是：一切都在预示着一个丰收季节的到来。

那树柿子忽于一天，一颗也不剩了。

一种不知名的候鸟遮天蔽日地路过这里，发现了这棵柿子树，抢着飞下来，一会儿工夫，就把三十五颗柿子都叼走了。

树鱼看到天空有鸟叼着什么飞过头顶时，对身旁的孩子说："那鸟叼着的好像是我们的柿子。"

孩子们就往天空看。

他们并不难过，更没有后悔将它们留在枝头。

因为，那几十颗柿子曾像温暖的小灯笼照亮寒冷的冬季、漫漫的长夜……

古　堡

这山拔地而起，直插云空，看上去，简直没有一点坡度，像天公盛怒之下，挥动一把巨斧往下猛劈而成：巍然、险峻，望着就叫人感到恐惧。

但谁也没有见过那座古堡。

此时，这座大山的孩子——麻石和森仔，却正朝山巅攀去。

他们还在七岁的时候，就瞒着大人往这迷人的山巅爬过，可是失败了——只爬了十三分之一，就灰溜溜地滚了回来，叫山下的全体居民可劲地嘲笑了一顿。于是，他们年复一年地仰望着那云雾深处里似有似无的山巅，攥紧拳头，在心里发狠：你等着！

现在他们长到了十四岁，个子高了，壮实了，有劲了，连说话的声音都变得让自己吓了一跳——那么响亮！"大啦！"老人们说。于是，他们想起了七岁那年的失败，又开始往山巅攀登——他们坚决要成为今天这个世界上第一个看到古堡的人！

现在，他们已是出发后第五次坐下来歇脚。他们回头看了一下山下，只见村里的房屋小得像火柴盒，村前那条小河，像一条闪光的带子，马和牛成了一个个黑点。可是抬头看，山巅仍然还很遥远，它一会儿从云雾里显现出来，一会儿又被云雾所笼罩，一副神秘莫测的样子。他们一个倚着峭壁，一个侧卧在石头上，谁也不说晒，谁也不愿让伙伴看出自己内心的动摇，互相把目光避开。

一只大雕在山腰间盘旋，黑色的翅膀在阳光下闪闪发亮。它似乎对这两个孩子的行动感到惊奇，在他们头顶上飞来飞去已有了一段时间了。

麻石忽然对自己生起气来，转而抓了一块石头，站起来，朝空中砸去："滚！"

大雕展开翅膀，闪电一样斜滑而去。

"走吧！"麻石对软瘫在石头上的森仔说。

森仔看了一眼麻石，依旧卧在石头上。

麻石也坐下了，用手抱着尖尖的下巴，一对山里孩子才有的黑眼睛望着白云飞涨的天空。

回去吗？他们是当着全村孩子的面宣布上山看古堡的，当时说得很肯定，充满信心，就像将军宣布自己将要远征那样豪迈、庄严。孩子们为他们哗哗鼓了掌。才爬了这么一点远就回去，除了落得一个嘲笑还能落得个什么？他们仿佛看到了一个又一个孩子的模样：有闭起一只眼睛而用另一只眼睛乜斜着打量他们的，有索性闭起双眼根本就不看他们的，有捂着肚子笑得在地上滚成一团的，有站在大树下朝他们指指点点的……

现在他们不是七岁，而是十四岁。十四岁的孩子很知道自尊和名誉了。

不知过了多久，他们不约而同地站起来，手拉着手，朝山巅攀去。

山没有路，又十分陡峭，他们几乎是像猫爬柱子一样把身体贴在石壁上。他们不能朝下看，一看简直觉得这山是直溜溜地矗立着的，脚一滑就会直坠下去。也不能朝上看，云在飞，在旋转，那会使他们产生错觉：那山在大幅度地摇晃着。他们只能看着眼前，一脚一脚地往上登。

那只大雕又飞回来了，一直跟着他们。有时，他们脚下突然一滑，它就会一斜翅膀猛地飞过来，像是要用它那对强劲的翅膀托住坠落的他们；见他们平安无事，才又一拉翅膀飘开去。

这是夏天的太阳，熊熊燃烧，炙在人身上，叫人感到火辣辣的。麻石和森仔完全暴露在阳光下。他们汗流满面，脱掉的褂子煞在裤带里，光光的、黑黑的脊梁上，汗水像一条条小河在流淌着，他们希望看到一棵树，一片灌木丛。可是，让他们看见的尽是被阳光烤得灼人的石头。他们口渴得厉害，一边爬一边用舌头舔着干燥的嘴唇。

当森仔再一次摔倒、脑袋碰在硬石头上后，他开始埋怨麻石了："就是你，说要去看古堡的！"他一屁股坐下来，喘着气。

麻石也喘着气。他看了森仔一阵，也一屁股坐下来："你也说了！"

森仔坐着，汗还是不停地流，淌在石头上，很快被吸干了。他抹了一把汗，可是汗马上又讨厌地流了出来。他忽然狠狠地抱起水壶，一仰脖子就喝，咕噜咕噜，来不及咽下，水从嘴角溢出，流到脖子里。喝尽了，他跳起来，朝太阳咬咬牙，把空水壶扔在麻石脚下，然后，抢在麻石前头朝山巅爬去。

麻石歉疚地看着森仔，站起来，跟上去。没有错，是他首先提出去看古堡的。不是他的主意，森仔这会儿也许正和其他孩子在山脚下的那条凉快的小溪里惬意地游水或抓鱼呢。他忽然觉得欠了森仔点什么，并对自己的行动有点懊悔。

他们与大山一直沉默着。

到中午时，麻石水壶里的水也喝尽了。而这时的太阳才是真正的太阳，它发着威风，朝两个孩子垂直地喷吐着烈焰，像要烘干他们。他们处在光溜溜的石头上，没有任何可以躲闪的地方，水分从这两个尚未成熟的躯体里迅速地挥发、消耗。饥渴！饥渴！饥渴！他们张着嘴巴，像暑天里瘪着肚皮喘气的小狗。有时，他们眼里溅着火星，有时则一阵发黑。如果现在有一场雨，他们会仰起脸，伸开双臂张嘴冲着天空，让雨水灌饱。如果现在眼前有一条河流，他们会不管水流多么湍急，不顾一切地扑到水中。他们的眼神变得焦灼，带着野性。两个孩子之间的对立情绪也随着这饥渴程度的增加而增加，坏脾气的森仔，动不动就瞪麻石一眼，像要等个机会跟他狠打一架似的。

爬着，爬着……

他们忽然停住了，屏住呼吸，像是两只小动物在谛听什么。

"水声！"麻石叫起来。

"水！"森仔欢呼了。

一切怨恨顿时因为这淙淙的流水声而消失了，他们手拉着手，循着水声朝前跑去——情况却使他们大失所望：是有一条泉流，可是，它在两道峭壁之间极为狭窄的缝隙里流动着，望得见，却绝对够不着。

那水声在深深的峭壁间，挑逗似的向他们欢响着。

他们趴在峭壁上，伸着脑袋，贪婪地望着这股清冽的泉水在哗哗流动，眼珠儿都快跳出来了。而他们背上，太阳却更厉害地暴晒着。他们喘着气，额上的汗珠大滴大滴落进水中。这哗哗的水声让他们产生希望，可又粉碎了他们的希望。它只能煽动起两个孩子一种仇恨的心理。他们朝水咬牙切齿，然后爬起来，疯了似的朝水里扔石头。

回答他们的只是一阵阵漠然的水声。

他们终于精疲力竭地瘫坐在地上，用手捂着耳朵，不让自己听到这清脆的，甚至含着甜味的山泉声。

失望带来的怨恨在森仔心里急剧地增长着。不知过了多久，他突然起身往回走去……

"森仔！"麻石叫道。

森仔根本不理麻石。

"森仔！"麻石追了上来，一把抓住森仔的胳膊，"你上哪儿呀？"

"回家！"

"不！"麻石执拗地说，"我们不能回家！"

"你松手！"森仔叫着，眼神好凶。

"逃回去吧，胆小鬼！"麻石喊起来。

森仔挥起拳头，对着麻石的鼻梁，猛地一拳。壮实的森仔，力气可比麻石大多了，麻石一下子被揍得趴在了地上。过了很久很久，他才从地上慢慢抬起头来——他的鼻孔下挂着两道血流！

这两个孩子长时间地对望着。

"走吧，你走吧……"麻石转过身去，独自一人往山巅爬去。他爬得很快，喉咙里呼哧呼哧地响着，脚下不时有碎石被他蹬翻，朝山下咕噜咕噜滚下去。

天黑了，麻石在一大块平滑的石头上歇下来。茫茫的夜色里，远近山峦，有浓有淡，寂寥地矗立着。月亮在云里游动，山影随着它的出现隐没，一会儿清晰，一会儿模糊，那只大雕一天来始终相伴，这时也停在远处一块突兀的岩石上。

无底的寂静。

炎热早已退去，凉爽的夜风阵阵吹来。恐惧和砭人肌骨的凉气使他紧紧缩作一团，他希望大山里能有声音，哪怕是一声鸟啼、半声虫鸣。

这个孩子在寂寞、恐惧、寒冷中煎熬着。他已连后悔的心思都没有了。不知过了多久，他忽然听到离他约有三米远的地方传来人的叹息声，他猛地回头——月光很亮，森仔抱膝坐在那里！

两个孩子同时站起来，然后走近，互相紧紧搂抱着哭起来。

"没回家？"麻石问。

森仔摇摇头："我……我一直跟着。"

他们紧紧挨着躺在石头上。

"想想那座古堡好吗？"麻石说。

森仔点点头："它很大，很高……"

"很结实，还好好的。"

"肯定的！说不定我们还能看见那时候打仗用的炮呢，就像老师讲课时提到的古炮！"森仔有点得意扬扬。

"有小件的，像剑呀什么的，我们就带回去。"

"你知道古堡是什么样子吗？"森仔问。

"像碉堡，四四方方的。"

"还有放枪放炮的口。"

"我们是第一个看见古堡的！"

"第一个！"

"第一个！"

两个孩子在对古堡的幻想中得到鼓励，变得无比的兴奋。

"你看，不远了。"麻石指着山巅说。

"明天，赶在太阳前头爬上去。"

麻石紧紧抓住森仔的手。不一会儿，他们像那只雄劲的大雕一样，闭合上疲倦的眼帘……

五更天，他们又出发了。他们唱着、叫喊着，一口气爬完最后一段山路，黎明时终于登上了山巅！

到了，啊，到了！

他们先是直愣愣地站着，像两块石头，接着伤心地哭起来——山顶上根本就没有什么古堡，只有一堆乱石——也许这就是古堡的废墟。

这两个孩子忽然双腿一软，扑倒在石头上，好久，他们才爬起来，一副沮丧的面孔。

半山腰里，传来了微弱的呼唤声——大概是大人们找上山来了。

他们呆呆地坐在山顶上。

天色在发生变化——太阳正在升起，先是满天的霞光，紧接着，从白茫茫的雾霭里，露出它的顶部。他们仿佛听到了太阳在升起时发出的轰隆隆的声音……它最后一跳，终于全部升上天空，看上去像一个巨大的橘子。

万缕金光，照耀着早晨湿润的群山。大雕在光影里徐徐地飞动。

　　"它不是我们原先看到的太阳。"森仔说。

　　"它不像太阳。"麻石说。

　　"这是太阳吗？"

　　"不是太阳是什么？"

　　这两个孩子坐在山顶上，面对着太阳开始泪汪汪地唱歌，麻石唱一首，森仔唱一首，麻石唱了七首，森仔唱了七首，两人一起又唱了三首……

红葫芦

一

妞妞只要走出家门，总能看见那个叫湾的男孩抱着一只鲜亮的红葫芦泡在大河里。只要一看到湾，她便会把头扭到一边去看爬上篱笆的黄瓜蔓，或扭到另一边去看那棵小树丫丫上的一只圆溜溜的鸟巢，要不，就仰脸望大河上那一片飞着鸽子的清蓝清蓝的天空。但她耳边却响着被湾用双脚拍击出的闹人的水声。临了，她还是要用双眼来看泡在大河里的湾，只不过还是要把一副毫不在意的样子明确地做出来。

妞妞对这个男孩几乎一无所知，唯一的一点儿了解是：这男孩的父亲是这方圆几百里有名的大骗子。

大河又长又宽。她家和他家遥遥相望。河这边，只有她一家，而河那边也只有他一家。这无边的世界里，仿佛就只有这两户孤立的人家。

大河终日让人觉察不出地流淌着，偶尔会有一只远方来的篷船经过。"吱呀吱呀"的橹声，把一番寂寞分明地衬托出来后，便慢慢地消失在大河的尽头了。

正是夏天，两岸的芦苇无声地生发着，从一边看另一边，只见一线屋脊，其余的都被遮住了。

每天太阳一升起，湾就用双手分开芦苇闪现在水边。他先把那只红葫芦扔进水里，然后，往身上撩水。水有点凉，他夸张地打着寒噤，并抖抖索索地仰空大叫。然后跃起，扎入水中，手脚一并用力，尽力把水弄响。

碧水上，漂浮着的那只红葫芦，宛如一轮初升的小太阳。

这地方的孩子下河游泳，总要抱一只晒干了的大葫芦。葫芦的作用跟城里孩子用的救生圈一样。生活在船上的小孩，也都在腰里吊一只葫芦，怕的是落水沉没了。大概是为了醒目，易于觉察和寻找，大家都把葫芦漆成鲜艳的红色。

红葫芦就在水面上漂，闪耀着挡不住的光芒。

湾用双手使劲拍打水，激起一团团水花。要不就迅捷地旋转身子，用手在水上刮出一个个圆形的浪圈。那升腾到空中去的水，像薄薄的瀑布在阳光下闪着彩虹。

妞妞禁不住这些形象、声音和色彩的诱惑。她只好去望水，望"瀑布"，望光着身子的湾和红葫芦。

湾知道河那边有一双眼睛在看他。于是，他就拿出所有的本领来表现自己。

他赤条条地躺在水面上，一只胳膊压在后脑勺下，另一只胳膊慵懒地牟拉在红葫芦的腰间，一动不动，仿佛在一张舒适的大床上睡熟了。随着河水的缓缓流动，他也跟着缓缓流动。

妞妞很惊奇。但不知是惊奇这河水的浮力，还是惊奇湾凫水的本领。

因为风向的缘故，湾朝妞妞这边漂过来了。岸上的妞妞俯视着水面，第一回如此真切地看到了湾。她的一个突出印象便是：湾是一个不漂亮的、瘦得出奇的男孩。

湾似乎睡透彻了，伸了伸胳膊，一骨碌翻转身，又趴在了水面上。他看了一眼妞妞。他觉得她已经开始注意他。他往前一扑，随即将背一拱，一头扎进水中，却把两条细腿高高地竖在水面上。

妞妞觉得这一形象很可笑，于是就笑了——反正湾也看不见。

一只蜻蜓飞过来，以为那两条纹丝不动的腿为静物，便起了歇脚的心，倾斜着身子，徐徐落下，用爪抱住了其中一只脚指头。

湾感到痒痒，打一个翻身，钻出水面，然后把脑袋来回一甩，甩出一片水珠，两只眼睛便在水上忽闪闪地发亮。

这一形象便深深地印在了妞妞的脑子里。而此时，他正快乐地不停地喷吐着水花。

妞妞便在河岸上坐下来。

他慢慢地沉下去，直到消失。

妞妞在静静的水面上寻觅，但并不紧张，她知道，他马上就会露出水面来的。

但他却久久地未再露出水面来。

望着孤零零的红葫芦，妞妞突然害怕起来，站起身，用眼睛在水面上匆匆忙忙、慌慌张张地搜寻。

依然只有红葫芦。

大河死了一般。

妞妞大叫起来："妈——妈——"

茅屋里走出妈妈来："妞妞！"

"妈——妈——"

"妞妞，你怎么啦？"

"他……"

近处的一片荷叶下，钻出一张微笑的脸。

妞妞立即用手捂住了自己还想大叫的嘴巴。"妞妞，你怎么啦？"妈妈过来了，"怎么啦？

妞妞摇摇头，直往家走……

二

一连好几天，湾没有见到妞妞再到水边来，不论他将水弄得多么响，叫喊得多么尖厉。终于感到无望时，湾便抱着红葫芦游向原先总喜欢去的河心小岛。

这是一个很小很小的小岛。

在此之前，湾能一整天独自待在小岛上。谁也说不清楚他在那里干什么。

妞妞没有再到河边来，但每天总会将身子藏在门后边，探出脸来望大河。她将一切都看在眼里。她知道，湾喜欢她能出现在河边上。

又过了几天，当湾不再抱任何希望，只是无声地游向小岛时，妞妞拿了一根竹竿，走向了河边。

妞妞穿一件小红褂，把裤管挽到膝盖上。

湾坐在河对岸，把红葫芦丢在身旁，望着妞妞。

妞妞一直走到水边，用竹竿将菱角的叶子翻起，那红艳艳的菱角便闪现出来。她用竹竿将菱角拨向自己。然后将红菱采下。但大多数菱角都长在她的竹竿够不到的地方。她尽量往前倾斜身子伸长胳膊：勉强采了几只，便再也采不到了。

湾把红葫芦抛进水中，然后轻轻游过来。

妞妞收回竹竿望着他。

他一直游过来，掐了一片大荷叶，然后专门寻找那些肥大的菱角。他将荷叶翻过来，把一只只弯弯的两头尖尖的红菱采下来放在荷叶里。不一会儿工夫，那荷叶里便有了一堆颜色鲜亮的红菱。他又采了几只，然后用双手捧着，慢慢朝妞妞游过来。

他的身体完完全全地出了水面，站在了妞妞的面前。

他确实很瘦，胸脯上分明排列出一根根细弯的肋骨来。他不光瘦，而且还黑，黑瘦黑瘦。

他朝妞妞伸出双臂。

妞妞没有接红菱。

他便把红菱轻轻放在她脚下，然后又亮着单薄的脊背，走回到大河里。

妞妞一直站着不动。

妞妞慢慢蹲下身去，用双手捧起荷叶。

他眼里便充满感激。

"妞妞——"

妞妞没有答应妈妈。

"妞妞——"妈妈向这边找过来了。

妞妞犹豫不决地望着手中的红菱。

"妞妞，你在哪儿呢？"

妞妞把红菱放到原处，转身去答应妈妈："我在这儿！"

"妞妞，回家啦，跟妈妈到外婆家去。"

妞妞爬上岸，掉头望了一眼湾，低头走向妈妈。回家的路上，妞妞问妈妈："他爸真是大骗子吗？"

"你说谁？"

姐姐指对岸。

"他爸已被关在牢里三年了。"

妞妞回头瞥了一眼大河，只见湾抱着红葫芦朝小岛游去……

三

妞妞还是天天到大河边来。

　　湾尽可能地施展出大河和自己的魅力，以吸引住妞妞，并近乎讨好地向妞妞做出种种殷勤的动作。

　　天已变得十分的炎热了。每当中午，乌绿的芦苇都会被晒卷了叶子。躲在阴凉处的纺织娘，拖着悠长的带着金属性的声音，把炎热和干燥的寂寞造得更浓。七月的长空，流动的是一天的火。

　　水的清凉，诱得妞妞也直想到水里去。

　　"你怎么总在水里呢？"妞妞问湾。

　　"水里凉快。"

　　"真凉快吗？"

　　"不信，你下水来试试。"

　　妞妞爬上岸，见妈妈往远处地里去了，便又回到水边："水深吗？"

　　"中间深，这儿全是浅滩。"湾从水中站起来，亮出肚皮向妞妞证实这一点。

　　芦苇丛里钻出几只毛茸茸的小鸭，它们是那样轻盈地凫在水上。它们用扁嘴不时地喝水，又不时地把水撩到脖子上，亮晶晶的水珠在柔软的茸毛上极生动地滚着。一只绿如翡翠的青蛙受了风的惊动，从荷叶上跳入水中，随着一声水的清音，荷叶上滴滴答答地滚下一串水珠，接着又是一串柔和的水声。

　　大河散发着清凉。

　　大河深深地诱惑着妞妞。

妞妞被太阳晒得红红的脸，由于水引起的兴奋，显得更加红了。

湾在水中，最充分地表露着水给予他的舒适和惬意。妞妞把手伸进水中，一股清凉立即通过手指流遍全身。

"下来吧，给你红葫芦。"

妞妞拿不定主意。

"别怕，我护着你！"

妞妞动心了，眼睛一闪一闪地亮。

湾走过来，捧起水，浇到仍在彷徨的妞妞身上。妞妞打了一个寒噤，侧过身子。

湾便更放肆地朝她身上又泼了一阵水。

妞妞便害臊地脱下小褂，怯生生地走进水里。

她先是蹲在水中，随后用双手死死抓住岸边的芦苇，伏在水上，两腿在水上胡乱扑腾，闹得水花四溅。水确实是迷人的。妞妞下了水，就再也不愿上岸了。湾便有了一种责任，不再自己游泳，而把全部的心思用在对妞妞的保护上。

水，融化了两个孩子之间的陌生和隔膜。

他们或一起在芦苇丛里摸螺蛳，或在浅水滩上奔跑、跌倒，或往深处去一去，让水一直淹到脖子，只把脑袋露在水面上。

大河异常的安静。两颗脑袋长久地、默默地对望着。

过了几天，妞妞在充分地享受了水的清凉和柔情之后，不再满足只待在浅水滩上瞎闹了。她向往着大河的中央和大河的那边，渴望也能如自己的愿，自由地漂浮在这宽阔的水面上。

湾极其乐意为她效劳。他不知疲倦地、极有耐心地教她游泳。

那些日子，阳光总是闪着硫黄色的金光，浓郁的树木和芦苇衬托着无云的天空。湾的心情开朗而快活。

大河不再是孤独的。

妞妞的胆量一日一日地增大。大概过了六七天，妞妞想到小岛上去的念头变得日益强烈，她居然敢向湾明确提出这样的要求："让我抱着红葫芦，也游到小岛上去吧。"

湾同意。

妞妞抱着红葫芦往前游，湾就在一旁为她护游。

小岛稍稍露出水面，土地是湿润的。岛上长着几十棵高大的白杨，一棵棵笔直而安静地倒映在水中。五颜六色的野花，西一株，东一丛，很随意地开放着。岛中央还有一汪小小的水塘，几只水鸟正歇在塘边的树丫上。

妞妞仰脸望，那些白杨直插向蓝色的天空。

"你总来这里吗？"

"总来。"

"干吗总来呢？"

"来玩。"

"这儿有什么好玩呢？"

"好玩。"

"……"

"我来找我们班的同学玩。"

妞妞就糊涂了：这不就是空空的一个小岛吗？湾带妞妞走到一棵白杨树下，用手指着它："他是我们班的王三根。"

妞妞扭过头去看时，发现那棵白杨树上刻着三个字：王三根。

她再往其他白杨树上细寻，分别看到不同的名字和绰号：李黑、周明（塌鼻子）、丁妮、吴三金、邹小琴（小锅巴）……

湾见到他的"同学"，暂时忘了妞妞，忘情地与他们玩耍起来。他从这棵白杨，跑向那棵白杨，或是拉一拉这棵白杨树上的一根枝条，或是用拳头打一下那棵白杨的树干，有时还煞有介事地高叫着："塌鼻子，塌鼻子，你过来呀，不过来是小狗！"他在林子间穿梭，直跑得大汗淋漓、气喘吁吁，最后倒在地上，用手抵御着："好三根，别打了，啊，别打了……"他胳肢着自己，在地上来回打着滚儿……

妞妞默默地看着他。

他一直滚到了妞妞跟前。他停住了，眨了眨眼，望着妞妞，很尴尬。

"他们不肯与你玩，是吗？"妞妞问。

湾的目光一下显得有点呆滞。他低下头去。

后来，妞妞觉得湾哭了。

过了好久，湾才又和妞妞在小岛上快活地玩耍起来。

整整一个下午，他们就是忙着搭一座房子。他们假想着要在这小岛上过日子。他们找来很多树枝和芦苇，又割了许多草，把那座房子建在了水塘边上。妞妞还用芦苇秆在房子的一侧围了一个鸡栏。两个人还用泥做了灶、锅、许多碗和盘子，并且找来一些野菜，装着津津有味地吃了一顿。

不知不觉，太阳落到大河的尽头去了。

妞妞的妈妈在唤妞妞晚归："妞妞——"

妞妞不答。

妈妈一路唤着妞妞的名字，往远处去了。

湾和妞妞只好依依不舍地离开了"家"，跑向水边。还是妞妞抱着红葫芦往前游，还是湾为她一路护游。夕阳照着大河。河水染成一片迷人的金红。

他们迎着夕阳，在这金红的水面上，无声却舒心地游动……

四

"别再到河边去玩了！"妈妈几次对妞妞说。

"为什么呢？"

"不为什么，反正你别再到河边去了。妈妈不喜欢。"妞妞不听妈妈的话，还是往河边跑。妞妞的魂好像丢在大河里了。

庄稼正在成熟，太阳的灼热在减轻。流动着热浪的空间也渐渐有了清风。夏天正走向尾声。然而妞妞还未能丢开红葫芦，空手游向河心。

"明年夏天你再教我吧。"妞妞说。

"其实你能游了，你就是胆小。"

"还是明年吧。"

一天下午，妞妞正在浅水滩上游得起劲，一直坐着不动的湾突然对妞妞说："你抱着红葫芦游到对岸去吧。"

"我怕。"

"有我护着你。"

"那我也怕。"

"我紧紧挨着你，还不行吗？"

"那好吧，你千万别离开我。"

湾点点头，妞妞抱着葫芦游至河中央时，望着两边都很遥远的岸，心中突然有点害怕起来。这时她看见湾笑了一下，那笑很怪。

妞妞眼中只有一片茫茫的水。她第一回感觉到这条大河竟是那么大！除了红葫芦，便是一片空荡荡。妞妞转脸看了一眼湾，只见湾的脸上毫无表情，只是朝前面的岸看。

"我们往回游吧！"

"往前游和往后游都是一样远！"

"我怕。"

湾还是朝前看，仿佛在心里做一个什么决断。

"我怕。"

"怕什么！"

湾一下挨紧妞妞，突然从她手中抽掉了红葫芦。

妞妞尖叫一声，便往水下沉去。她的双手恐怖地在水上抓着，并向湾大声叫着："红葫芦！红葫芦！"

湾却一下游开了，妞妞继续往下沉。当她沉没了两秒钟，从水中挣扎出来时，便发疯似的嚎叫："救命啊！救命啊！"

妞妞的妈妈正往水边来寻妞妞，一见此景，几乎瘫软在河岸上，她向四周拼命叫喊："救命啊！"

妞妞一口接一口地喝水，并发出被水呛后的痛苦的咳嗽声。

湾还是不肯过来，妞妞再一次从水下挣扎出来，向湾投去仇恨的目光。

在田里干活的人听到呼喊声，正向大河边跑来，四周一片叫嚷声。

当妞妞不做挣扎、又要向水下沉去时，湾也突然惊慌起来，拼命扑向妞妞，并一把抓住她的双手，随即将红葫芦塞到她怀里。

湾想说什么，可就是一句话也说不出来。眼前的一切使他完全蒙了，他的脑子停止了转动，抓着系在红葫芦腰间的绳子，两眼失神地往岸边拉去，岸上站了很多人，但都沉默着。那沉默是沉重的，令人压抑的。湾一下子觉得自己是个罪犯。

妞妞的妈妈迫不及待地冲向水中："妞妞！"

"妈妈！妈妈！"妞妞抱着红葫芦哭着，湾把妞妞拉回浅滩上，妞妞松开红葫芦，极度的恐惧一下子转成极度的仇恨，她朝湾大声地喊着："骗子！你是骗子！"

说完，她扑进妈妈怀里，哆嗦着身子，大哭起来。

妈妈一边用手拍着妞妞，一边在水里说着："妞妞别怕了，妞妞别怕了！"

湾低垂着头，妞妞的妈妈瞪着他："你为什么要这样骗人！"

湾张嘴要说话，可依然说不出。只有两行泪水顺着鼻梁无声地流淌下来。

妞妞跟着妈妈回家了，其余的人也一个一个地离开了河边。只有湾独自一人站在水里，他的头发湿漉漉的，在往下滴水，这水流过他消瘦消瘦的身子，又流回到河里，红葫芦漂浮在他的腿边。

起晚风了，大河开始晃动起来。水一会儿淹到湾的胸部，一会儿又将他的腿裆露出来。红葫芦在水上一闪一闪的，像一颗心在跳。

天渐渐黑下来，凉风吹着单薄的湾，使他一个劲地哆嗦。他仰脸望着大河上那片苍凉的星空⋯⋯

五

几天后的一个黄昏，河心小岛上升起一团火，一股青蓝的烟先是飘到空中，后又被气流压到水面，慢慢散尽，化为乌有。

是湾烧掉了那个"家"。

妞妞再没到河边去，也再没向大河望一眼，她去了外婆家，准备在那里度完暑假的最后几日。

一天中午，在饭桌上，年迈的外公向他们几个小孩谈起他小时候的一件事来："那时，我跟你们一样，就是喜爱下水，可胆子小，只敢在屋后的鸭池里游。父亲见我游来游去，说我能游大河，我吓得直往后躲。他说我是没出息的东西。那天，他拿了一只大木盆让我坐上，说要带我去大河对岸的竹林里掏一窝小黄雀。他把我推到大河中央，突然把大木盆掀翻了，我呛了几口水，挣出水面，鬼哭狼嚎喊救命。一下子来了很多人，父亲却冷眼看我，根本不把手伸过来，我沉了两下，又挣扎出来两下，水喝饱了，后来又往下沉去。我完全没有指望了，可真也怪了，就在那时，我的身子忽然变得轻飘起来，完全恢复了在鸭池里游泳的样子。我心里好奇怪，可又好快活，不一会儿工夫就游到了对岸。从那以后，再宽的大河我也敢游了。"

妞妞用牙齿咬着筷子。

"妞妞，快吃饭。"外婆说。

妞妞放下筷子："我要回家！"

"你不是要在这里住几天的吗？"外婆问。

"不！我要回家！现在就回家！"

说完，妞妞起身就走，无论外婆怎么叫也叫不住她。

妞妞直接跑到大河边，大河空空荡荡的，妞妞低头看时，看到那只红葫芦拴在水边的芦苇秆上。它像从前一样的鲜亮。

妞妞静静地等待着，然而对岸毫无动静，当太阳慢慢西沉时，妞妞的眼里露出强烈的渴望。

六

夏天正在逝去，蓝色的秋天已经来到大河上。不知从哪儿漂来一张半枯的荷叶，那上面立着一只默默无语的青蛙，随着那荷叶往前漂去。

无边的沉寂。

妞妞走下水，忘记一切，朝前游去，她没有下沉，并且游得很快，她本来就能够游过大河的。

她第一回站在那座茅屋前面，然而那茅屋的门上挂着一把铁锁，一个放牛的男孩告诉妞妞，湾转学了，跟妈妈到三百里外他外婆家那边的学校上学去了。

七

开学前一天的黄昏，妞妞解开了红葫芦上的绳子，那红葫芦便一闪一闪地漂进了黄昏里……

手　套

一

天气好暖哟！手心里老是湿乎乎的，笔杆儿在手里直滑溜。可是，莎莎却整天戴着一副雪白的手套。

在莎莎一岁的时候，我们脚下的这块土地上，发生过一次可怕的灾难。一天夜里，四周静悄悄的。莎莎的爸爸和妈妈突然被人揪着脖领拖走了。爸爸是个雕塑家，人家说他是个"头上长疮，脚底流脓——坏透顶的坏家伙"。妈妈呢，跟着倒霉。生活在乡下的爷爷，听到这个消息，匆匆赶来了。他从好心的邻居家抱过小莎莎。他望着她——小莎莎一点儿也不知道发生了什么，只会骨碌碌地转动着两只明净发光的眼睛，四处打量着这个纷乱的世界。爷爷心里一酸，紧紧把她搂在怀里，那对昏花的眼睛里，滚出两颗泪珠，落在她天真无邪的小脸上。爷爷用粗糙的大手为她轻轻擦去自己滴落下的泪珠，告别了这座城市，抱着她，冒着冬天的寒风，回乡下去了。

从此，莎莎成了一个乡下小姑娘。

爷爷一个人过日子。他是个石匠，干活的时候，总是用布兜兜把莎莎背在身后。小莎莎倚着爷爷宽大的脊背，看着大山，看着小河，看着蓝天上飘动着的、变幻无常的云彩，一点一点地认识这个世界。趴在爷爷宽大的脊背上，她又在山鸟和云雀的叫声中，做过多少后来怎么也想不起来的梦！

她长大些了。爷爷把她放到地上。她用小手在地上爬呀爬呀，爬到篱笆下，揪朵牵牛花；爬到大树下，仰起脸，听枝头喜鹊喳喳叫。有时，她的小手会被地上的瓦片划破了。爷爷便会心疼地抱起她，用长满胡茬的嘴，轻轻地吮她手指上的血。要不，把她搀到水边去，用清水把她的小手轻轻洗干净，用嘴朝着受伤的小手，噗噗噗地吹着气："莎莎不怕疼呀，莎莎不怕疼呀……"她很早就知道用自己的小手去帮爷爷干活。才五岁，她就跟着大孩子到河滩挖野菜。七岁开始捡柴火，一双小手在路边、村子里到处抓呀，挠呀。乡下很穷，爷爷还要养活她，爷爷更穷。爷爷把好的留给她吃，自己一年到头蘸着盐水吃饭。莎莎小，可莎莎知道疼爷爷。她用小手在池塘里摸呀，摸呀，摸起一个个螺蛳，然后剪掉它的屁股，给爷爷煮上。真鲜，爷爷多吃了两碗饭。过了十岁，她把自己看成小大人，开始真正干活了：鼓着小腮帮儿，帮助爷爷搬动小石头！

莎莎的手，被风吹，被日晒，在雪地里、泥巴里抓挠着，跟石头摩擦着，一双小手颜色黑红，掌心厚实，手指短粗，皮肤粗粝；冬天里，被尖利的寒风一吹，裂开一道道血口。可是，它是那样灵巧，又是那样有力！爸爸平反了，到乡下来接她时，抓着她的小手翻来覆去地看着，也不知是为这双小手高兴，还是为这双小手伤心，蹲下去，抓着她的手，一遍一遍地在自己的面颊上摩挲着。

爷爷说："莎莎跟我十年，孩子受苦了。"

爸爸望着莎莎的手："苦是苦点，可是莎莎能干了，有出息了。您看看她这小手，看看她这双小手啊！"爸爸的眼睛里闪着泪光。

可是现在，莎莎却为她这双小手感到万分的苦恼！

雅雅她们在用一种什么样的目光看着她的那双手哟！当她转入这所学校后第一次捏着粉笔在黑板上演算一道算术题的时候，她的手就遭到嘲笑。开始，她以为下面的叽喳声和嬉笑声是因为自己把那道题算错了，连忙用手掌擦去，没想这一笨拙的动作，招来了更大的嬉笑声。"瞧，她这双手！"雅雅小声说，声音里带着一股好奇、轻蔑和傲气。

莎莎的脸唰地红了，心扑通扑通地跳着。她不敢看人，把脸紧紧挨近黑板，鼻尖差点碰到上面。她的那双会干许多种活儿的手，变得很不听话，被汗水浸湿的粉笔一次又一次地折断。

"你的手……怎么回事？"眼睛近视却又不肯戴眼镜的数学老师眯着眼睛问。

　　莎莎不回答，手捏着粉笔，不由自主地在黑板上写着。她折断了好几支粉笔，总算把那道算术题做完了。后来，她都不知道怎么回到座位上的。

　　雅雅就坐在她右侧。莎莎侧眼看去时，只见她的手很优美地放在桌子上。那是一双什么样的手啊！薄薄的，十根手指又细又长，又白又嫩，光滑，柔软。那天开联欢会，她用这双手在小提琴上奏出多么动听的曲子啊！而莎莎的手……莎莎把她那双手藏到桌肚里。

　　这以后，莎莎因为那双手，不时地遭到伙伴们的讥笑。当她举手要求回答老师的提问时，当几个女孩子要分成两队比赛跳皮筋而伸出手去猜"手心手背"时……她多少次看到了伙伴们那种令人面颊发烧的目光啊！

　　她简直不知道把这双手往哪儿放了。它显得那么笨拙，那么多余。

　　这双手终于使她流泪了。

　　那天，各班要进行集体舞比赛。赛前的练习中，每当莎莎把手举到空中或者拉起别人的手时，文体委员雅雅就会蹙起那两条细淡得简直没有的眉毛。等到比赛时，雅雅望着莎莎的一双手，终于对她说："你……你就别参加了。"

　　莎莎的心被伤害了。她的嘴唇不住地颤动。突然，她头一低跑了。她跑呀，跑呀，一直跑回家，关起门来，抱着头好一阵大哭。哭得不想再哭了，她就呆呆地望着自己那双手。她不恨它。它做了它该做的事。可是，她受不了雅雅她们的眼睛，就是受不了！

她跑到商店，买了一副雪白雪白的尼龙手套。当她戴到手上时，她的心扑通扑通跳起来——她突然想起爷爷，想起跟兰姐姐到城里买手套……

二

爷爷生活在一块贫瘠的土地上。那地方总也不长庄稼，因为差不多每年都发大水，把河滩上的稀疏的庄稼都淹没了。大水过后，河滩上除了大大小小的石头，就什么也没有剩下。

这里的人靠村后那座山过日子：他们劈下一块块石头，按尺寸凿得齐齐整整的，然后运到城里去，卖给人家盖大楼，垒台阶。他们还凿出石磨、石臼呀什么的卖出去。因此，这里出石匠。

爷爷是村里最老、手艺也最巧的石匠。他领着全村的石匠们，一年四季在山脚下，一手抓着钢凿，一手抡着铁锤，不停地凿着。爷爷十岁就开始凿石头，在他的手下，不知出过多少方石块，多少扇石磨，多少只石臼，多少个马槽。那坚硬的石头，在爷爷手里变得很温顺，爷爷想把它弄成啥样就啥样。方圆几十里，谁都知道爷爷这双手。

这双手并不好看。手背黑褐色，就像岩石的颜色。手指又短又粗。手掌上的老茧，有五分钱硬币那么厚，由于常年搬石头、攥凿子锤子，他的手指已经不能完全伸直了。

那几年，日子很不好过。爷爷想着全村人，也想着莎莎，领着石匠们没命地在山下凿石头。爷爷老了，手也老了，不再出汗，总是很干燥。一到冬天，寒风一吹，就会裂开一道道血口。夜里，爷爷常被痛醒过来。他就爬起身，把松香烧化了，滴在口子上，让口子弥合起来。白天干活，不小心，石片正好碰着血口，会疼得他满额冒冷汗。

莎莎大了，懂事了。每天晚上，给爷爷端来一盆热水，让爷爷把那双手泡在热水里。

那天，爷爷在山下凿石头，她在一旁帮活。天寒地冻，爷爷用力过猛，把虎口震裂了，紫黑色的血一滴一滴地滴在石块上。

"爷爷！"莎莎连忙抓住爷爷的手，像小时候爷爷给她呵气一样，朝爷爷的手哈着气。

爷爷撕了块布包扎了一下，仍然不停地挥动着锤子。

"爷爷，您该买副手套啊！"莎莎说。

爷爷放下锤子，看了看自己的手，然后抚摸着她的头发，苦笑着摇摇头："傻丫头，一副手套好几毛钱呀，爷爷凿一天石头才能挣多少钱？再说，一双手套用不了几天就坏了，爷爷戴得起吗？你看看，这么多人，有谁戴手套的。"

莎莎不吭声了。

晚上回家，比她大五岁的兰姐姐说："莎莎，听人说，城里工人发的手套都用不了呢。"

莎莎的眼睛猛然间变得亮闪闪的，像两颗星星。

"少给人家些钱，人家就会卖给咱。我们去试试吧？"兰姐姐说。

第二天一早，莎莎把爷爷攒在那里给她买过年衣服的钱拿了，跟着兰姐姐，搭一辆拖拉机，进城了。

这是莎莎离开城市九年后第一次进城。城市对她来说，完全是陌生的。她只熟悉爷爷的茅屋、村前的弯路村后的大山。她紧紧牵着兰姐姐的衣角，躲闪着川流不息的汽车和行人。她们终于离开大路，扎进了楼群。

兰姐姐是个知道害臊的大姑娘了，她不好意思问人家有没有手套卖，就说："莎莎，你叫吧。"

真逗，莎莎有什么不好意思呢？那是为爷爷，为全村的石匠们啊！他们的手多么需要手套啊！她仰起脸，用清脆而又奶声奶气的声音叫着：

"有手套的卖——！"

她的声音在大楼间回荡着，仿佛有无数个莎莎在叫："有手套的卖！"

一群小孩好奇地跟着她们，指指点点。莎莎脸不红，心不慌，显得比以往任何时候都镇静，莎莎认为她做的事情完全是应该的。她第一次忽然觉得自己长大了，明白事理了，她的声音更响了。

这声音是那样纯洁，那样真挚，人们听到这带着一丝企求、渴望的声音，仿佛不把多余的手套卖给她，就觉得心里不踏实似的。他们把手套从柜子里、箱子里翻出来，很便宜地卖给她。有些人看看莎莎瘦巴巴的脸，竟一分钱也不要，把手套硬塞到她手里。

兰姐姐高兴得眼眶都湿了："莎莎，很多人是因为你……"

莎莎不明白地望着兰姐姐。

她们不停地走，不停地叫，收到一双双手套，兰姐姐背上的口袋已鼓鼓囊囊的。她说："莎莎，回家吧。"

莎莎摇摇头："还有一个空口袋呢！"

她们累了，就在马路边坐一会儿；渴了，把嘴巴套在人家自来水管上喝几口凉水；饿了，就啃几口冻硬了的窝头。她一点儿也不觉得苦，心里是高兴的，甚至是幸福的哩！

"有手套的卖！"莎莎的嗓子有点哑了，可还是用力叫着。

天快黑了，她们带来的两只口袋，都装满了手套。可是，她们来不及回家了。天空飘起雪花来。

她们没有钱住旅馆，兰姐姐拉着她钻进一个巨大的水泥管避风。她们一人抱着一袋手套，紧紧地挨在一起。雪越下越大，天越来越冷。她们却在寒冷中沉沉地睡着了——太累啦！

当爷爷看到那两口袋手套，高兴得手直哆嗦："手套……手套……这么多手套啊……"

三

莎莎给爷爷买手套，是因为她爱爷爷那双手，心疼爷爷那双手。她高声叫着"有手套的卖"，一点儿也不觉得难为情。现在她自己戴手套，却是因为她没有勇气面对自己那双手。望着手套，她在心里恨自己，莎莎呀莎莎，你没干活儿，天又这么热，干吗戴手套？干吗怕人家笑你的手呀？你的手有什么不好看呢？唉！

她想摘掉它，可到底还是戴着它上学校去了。

她一边不用再为她那双手感到苦恼，一边却又被这双遮掩手的雪白的手套扰得心里一刻也不安静。一回到家，她就赶紧把它狠狠地塞到小枕头下。

这天，莎莎放学走出校门，爸爸连忙走上来："莎莎！"

"爸爸，你来干吗？"她奇怪地问。

"快，跟我去看你爷爷。"爸爸拉起她的手。

"爷爷？"莎莎惊喜地望着爸爸。

爸爸告诉她，有一座古老的宫殿常年风吹雨打，需要修葺，一般人干不了，人家特地请来了爷爷。他都来了好几天了，忙得连看莎莎的工夫都没有，若不是一个小石匠跑来说，爸爸还不知道呢。

爸爸带着莎莎，在工地上找到了爷爷。爷爷正在一块大石头上凿刻浮雕呢。

"爷——爷——"莎莎大声叫着，离开爸爸，扑到爷爷怀里。

爷爷连忙丢下手中的锤子："莎莎！"他用手在她头上抚摸着，"不怪爷爷没去看你吧？爷爷想你啦。可是……"他用手指着那一堆活儿，"活儿太紧呀！"莎莎望着爷爷，将近一年不见，爷爷又老了不少！她的目光慢慢移到爷爷手上：爷爷的手上戴着手套，可是都磨破了，手指一根根钻了出来！她双手抓住爷爷的手，看着，看着，她在心里恨死自己了：你把爷爷忘了，把他的手也忘了！爷爷只知道忙呀，忙呀，一点也不知道保护自己的手。你真不该不想着爷爷！她有点想哭。

爷爷却不在乎："没啥。"他发现了莎莎的手套，呵呵呵地笑起来："我们莎莎像个城里人啦。"他把莎莎的手拉过来，用他那双手抚摸着，对爸爸说："莎莎这双小手，可不简单呢，帮我做了多少事啊！爷爷欢喜莎莎的手哩。"

莎莎的脸上一阵阵发烧。她低下头，把手从爷爷那双大手里抽回来，藏到身后。

爸爸沉思着望了一阵莎莎手上的手套，然后就一直打量着爷爷。爷爷那满头像落了寒霜的白发，由于牙齿脱落而瘪了的嘴，昏花的眼睛，佝偻着的背和苍哑的声音……这一切，使爸爸感到：爷爷他老人家老了，很老了！他走上前去，给他把那副烂手套褪掉，然后把他扶到水池边，和莎莎一道，像大人对待小孩一样，为他洗净双手。

爷爷呵呵地笑着。

"跟我们回家吧。"爸爸说。

爷爷望着那一大堆活儿，迟疑着。

"走吧，爷爷！"莎莎紧紧地拉着他。

大家也都来劝爷爷，他只好放下活，跟爸爸和莎莎离开了工地。

城市的夜晚，一片灯海。用石头砌成的巍峨的宫殿和挺拔的高楼，在车窗外一座座闪过，又一座座扑入眼帘。这些用无数支灯泡镶边的建筑物，这个用人类的双手装点的世界，在夜幕下，变得格外壮观、美丽，好像蕴藏着神奇的力量！

爷爷望着窗外，不时地用手指指点点，得意地说："那座大楼的墙基里，说不定还有莎莎帮我挑的石头呢！""莎莎，你看呀！听你爷爷的爷爷跟我说，他为那座宫殿干了十年石匠活呢，累到吐血……"

莎莎的手放在爷爷的那只大手里。她觉得自己的手是凉的，爷爷的手是温暖的……

那座宫殿修复后，爸爸说什么也不让爷爷回乡下去了，他要爷爷从此歇着。

爷爷把自己的手放在眼前："我还能干呢！"

爸爸坚决不答应。跟爷爷一起来的石匠们也都劝爷爷。他想了想，只好留下了。

过了半个月，爷爷却怎么也待不住了。他那双手是忙惯了的，让他歇着，简直是受罪啊。他吃不好，睡不香，心里整天觉得空落落的，一双手真不知该往哪儿搁了。

"让我回去吧！"他几乎哀求说。

爸爸苦笑了笑。但在心里，他却对爷爷升起一股崇高的敬意。爷爷，勤劳、能吃苦的爷爷，爸爸还能说什么呢？

"再住十天！"爸爸说。

莎莎知道留不住爷爷了，那天晚上放学后，她去给爷爷买了十副手套。可是，当她捧着手套回来时，邻居大娘却把一串钥匙交给她说："莎莎，你爷爷这一上午就尽唠叨，说他手闲得没处搁，心里憋得慌，下午，他回乡下去了……"

莎莎望着手套，直想哭……

四

爷爷回乡下没过两个月，在一次搬石块的时候，突然倒下了，从此，卧在床上再也起不来。村里连忙派人来告诉爸爸。爸爸急了，赶紧带着莎莎赶到乡下。

爷爷躺在小茅屋里的竹床上。他并不感到痛苦，因为，他没有病。他倒下，只是因为他太老了，到时候了。牛老了，拉犁还会拉着拉着突然倒下呢。

"爷爷！"莎莎放下那扎手套，叫着。小床太矮，莎莎跪了下来。

爷爷的嘴在灰白的胡须下掀动着，发出的声音远不及以前那样响亮了："小莎莎，你来了？"

莎莎点点头。

爷爷望着爸爸："我不要紧的，歇歇就会好的。"爸爸点点头。

莎莎正好放暑假了，就和爸爸一道守着爷爷。爸爸似乎预感到什么不祥，他决定为爷爷做一件神圣而有价值的事。他在一块石头上没日没夜地雕呀雕呀，雕了整整一个月，雕出一尊别出心裁的雕像——

在一块形状不规则的底座上，高高地举着两只张开的手，那样子，好像在用力地举托着天一样重的物体。那手大而短粗，骨节分明，好像连筋络都根根可辨。

"莎莎，"爸爸问，"谁的手？"

莎莎的眼前突然出现爷爷举起石头往马车上装的动作："爷爷的手！"

莎莎不懂艺术，但这双手以一股不可阻挡的力量震撼着小姑娘的心灵："爸爸，真好！"

爸爸望着自己的杰作。他做雕塑那么多年了，还没有一件作品使他这样满意过："多美啊，莎莎，多美啊！它透出一股力量，力量！"他回过头来，望着莎莎说："明白吗，孩子，是无数双这样的手，创造了我们这个世界！"

莎莎望着那双手，突然，她使劲抱起来，把它搬到爷爷的病榻前："爷爷，您看啊：看啊！"

爷爷慢慢睁开眼睛。

爸爸蹲下，用双手抓着他的手："像您的手吗？"

"像，像……"爷爷微笑着，"我这双手也值得你费这番工夫！"

"值得！"爸爸肯定地说，眼睛里闪着幸福的泪光。

最后一星亮光从爷爷的眼睛里熄灭了。他闭上了眼睛。那样子，好像在想什么。想他这一辈子用他那双手凿出了多少石块，多少石磨，多少石臼！

他的眼角慢慢溢出两滴泪珠来。

他没有再睁开眼睛。他得到了人间一切辛酸、苦难、幸福和欢乐后，永远地睡着了。那双大手平静、踏实地放在胸口。

莎莎抹着眼泪，把那一扎手套放在他身旁。小姑娘有一种幻觉：爷爷还要用他那双手去干活的！

黄昏，村里的人把他抬到船上，要到远处的河滩上去把他埋葬。莎莎不愿看到这样的情景，就站在小河的桥上，望着船儿慢慢地驶去。她已哭不出声来，只有眼泪不住地从眼睛里流出。那只船儿模糊了。她到口袋里掏手绢儿，想擦干泪水，看清那只载着爷爷远去的船；掏出来的却是那副现在根本不需要戴的白手套。不知是风，还是她松开了手，那副白手套轻轻地落进水中，在水上漂呀，漂呀，漂走了……

甜橙树

男孩弯桥，一早就出来打猪草，将近中午时，觉得实在太累了，就拖着一大网兜草，来到油麻地最大的一棵甜橙树下，仰头望了望一树的甜橙，咽了一口唾沫，就躺在了甜橙树下。本来是想歇一会儿再回家的，不想头一着地，眼前的橙子就在空中变得虚虚飘飘，不一会儿就睡着了，一睡着就沉沉的，仿佛永远也醒不来了。

那只草绳结的大网兜，结结实实地塞满了草，像一只硕大的绿球，沉重地停在甜橙树旁，守候着他。

秋天的太阳雪一般明亮，但并不强烈地照着安静的田野。

田埂上，走着四个孩子：六谷、浮子、三瓢和红扇。今天不上学，他们打算今天一整天就在田野上晃悠，或抓鱼，或逮已由绿色变成棕色的蚂蚱，或到稻地里逮最后一批欲飞又不能飞的小秧鸡，或干脆就摊开双臂、叉开双腿，在田埂上躺下晒太阳——再过些日子，太阳就会慢慢地远去了。

　　他们先是看到弯桥的那只装满草的大网兜，紧接着就看到了躺在甜橙树下的弯桥。四个人都有一种说不出的兴奋，沿着田埂，向甜橙树一路跑来。快到甜橙树时，就一个一个地变成了猫，向弯桥轻轻地靠拢，已经变黄的草在他们的脚下慢慢地倒伏着。走在前头的，有时停住，扭头与后面的对一对眼神，动作就变得更轻了。那番机警的动作，不免有点夸张。其实，这时候即使有人将弯桥抱起来扔进大河里，他也未必能醒来。

　　他们来到了甜橙树下，低头弯腰，轻轻地绕着弯桥转了几圈，之后，就轻轻地坐了下来。或望望睡得正香的弯桥，或互相挤眉弄眼，然后各自挪了挪屁股，以便向弯桥靠得更近一些。他们脸上有一种压抑不住的快乐，仿佛无聊乏味的一天终于因弯桥的出现，忽然有了一个让人喜悦的大转折。

　　此时，弯桥只在他的无边无际的睡梦里。

　　阳光透过卵形的甜橙树的叶子，筛到了弯桥的身上、脸上。有轻风掠过枝头，树叶摇晃，光点、叶影便纷乱错动，使四个孩子眼中的弯桥显得有点虚幻。

　　弯桥笑了一下，并随着笑，顺嘴角流下粗粗一串口水。女孩红扇扑哧一声笑了——笑了一半，立即缩了脖子，用手紧紧捂住了嘴巴。

　　光点、叶影依然在弯桥身上、脸上晃动着，像阳光从波动的水面映照到河岸的柳树上一般。

几个孩子似乎想要干点什么，但都先按捺住自己心里的冲动，只安然坐着，有趣地观望着沉睡的弯桥……

弯桥是油麻地村西头的光棍刘四在四十五岁时捡到的。那天早上，刘四背只鱼篓到村外去捉鱼，过一座弯桥时，在桥头上看到了一个布卷卷，那布卷卷的一角在晨风里扇动着，像只大耳朵。他以为这只是一个过路的人丢失在这里的，看了一眼就想走过去，不想那布卷卷竟然自己滚动了一下。桥头是个斜坡，这布卷卷就因那小小的一个滚动，竟止不住地一直滚动起来，并越滚越快。眼见着就要滚到一片水田里去了。刘四撒腿跑过去，抢在了布卷卷的前头，算好了它的来路，双脚撇开一个"八"字，将它稳稳挡住了。他用脚尖轻轻踢了踢布卷卷，觉得有点分量，就蹲下来，用又粗又短的手指很笨拙地掀起布卷卷的一角，随即哎哟一声惊呼，一屁股跌坐在地上。等他缓过神来时，只见布卷卷里有一张红扑扑的婴儿的脸，那婴儿似乎很困，微微睁了一眼，鱼一般吧唧了几下小嘴，就又睡去了。

人愈来愈多地走过来。

刘四将布卷卷抱在怀里，四下张望，一副手足无措的样子。

人群里一片喧喳："大姑娘生的。""是个小子。""体面得很。""大姑娘偷人生的都体面。"……

油麻地最老的一位老人拄着拐杖，对刘四大声说："还愣着干什么？抱回去吧！你命好，讨不着老婆，却能白得一个儿子。命！"

跟着刘四，弯桥在油麻地一天一天地长大了。他先是像一条小狗摇摇晃晃地、很吃力地跟着刘四，接下来就能与刘四并排走了，再接下来，就常常抛下刘四跑到前头去了。但到八岁那年春天，弯桥却得了一场大病。那天，他一天都觉得头沉得像顶了一扇磨盘，晚上放学回家时，两眼一黑栽倒了，滚落到一口枯塘里。刘四穷，家里没有钱，等东借西借凑了一笔钱，再把弯桥送到医院时，弯桥已叫不醒了。医生说他得的是脑膜炎。抢救了三天，弯桥才睁开眼。等他病好了，再走在油麻地时，人们发现，这孩子有点傻了。他老莫名其妙地笑，在路上，在课堂上，甚至是在挺着肚皮撒尿时，都会没理由地说笑就笑起来。有些时候，还会自言自语地说一些让油麻地所有的人都听不懂的话。

油麻地的孩子们都希望能见到弯桥，因为这是一个可能获取快乐的机会。有时，他们还会觉得弯桥有点可怜，因为养他的刘四实在太穷了。油麻地最破的房子，就是刘四的房子。说是房子，其实很难算是房子。油麻地的人根本不说刘四的房子是房子，而说是"小草棚子"。别人家的孩子，只要上学，好赖都有一个书包，弯桥却用不起书包——哪怕是最廉价的。刘四就用木板给弯桥做了一只小木箱。当弯桥背着小木箱，屁颠屁颠地上学时，就总会有一两个孩子顺手从地上捡根小木棍，跟在弯桥后头，噼里啪啦地敲那小木箱。敲快活了，还会大声吆喝："卖棒冰嘞——"弯桥不恼，抹抹脑门上的汗，害羞地笑笑。学校组织孩子们进县城去玩，路过电影院，一见是打仗片，三瓢第一个掏钱买了张票，紧接下来，一个看一个，都买了票。一晃工夫，四五十个人就都呼啦啦进了电影院，只剩下弯桥独自一人在电影院门口站着。刘四无法给他零用钱。等电影院的大门关上后，弯桥就在电影院门口的台阶上坐下，用双手抱着双腿，然后将下巴稳稳地放在双膝上，耐心地等电影散场，等三瓢他们出来。一街的行人，一街的自行车车铃声。弯桥用有点萎靡的目光，呆呆地看着街边的梧桐树。他什么也不想，只偶尔想到他家的猪。猪几乎就是弯桥一人饲养的。刘四每捉一只小猪回来，就立即盘算得一清二楚：等猪肥了卖了钱，多少用于家用，多少用于给弯桥交学费、添置新衣。从弯桥能够打猪草的那一天起，他就知道，他要和刘四好好地养猪，把猪养得肥肥的。他从未饿过猪一顿。他总要打最好最好的猪草——是那种手一掐就冒白浆浆的猪草。电影终于散场了，三瓢他们一个个看得脸上红通通的，出了电影院的大门都好一会儿工夫了，目光里还带着几丝惊吓和痛快。弯桥被他们感染了，抓住三瓢的或六谷的或浮子的或其他人的胳膊，向他们打听那部电影演的是什么。起初，三瓢他们都还沉浸在电影里没出来，不理会他。待到愿意理会了，有的就如实地向他描述他们所看到的，有的就向他故意胡编乱造。弯桥是分不出真假的，就都听着。听着听着就在心里犯嘀咕：怎么三瓢说那个人被枪打碎了脑袋，六谷却说那个人最后当了营长呢？一路上，他就在心里弄不明白。不明白归不明白，但也很高兴……

太阳光变得越来越明亮。

弯桥翻了个身，原先贴在地上的脸颊翻到了上面。三瓢他们看到，弯桥的脸颊被压得红红的，上面有草和土粒的印痕。

红扇用手指了指弯桥的嘴，大家就都伸过头来看，弯桥又笑了，并且又从嘴角流出粗粗一串口水。

田埂上偶尔走过一个扛着工具回家的人。

三瓢觉得腿有点儿坐麻了，站了起来，跑到甜橙树的背后，一拉裤带，裤子哗啦落在脚面上，然后开始往甜橙树下的黑土里撒尿。尿声提醒了六谷与浮子，先是六谷过来，再接着是浮子过来，与三瓢站成一个半圆，试着与三瓢尿到一个点上。

三瓢他们是五年级，红扇才二年级，但红扇知道害臊了，嘴咕嘟着，将脸扭到一边，并低下头去。但她却无法阻挡由三个男孩一起组成的联合撒尿声。随着尿的增多，地上积了水，尿声就洪大起来，噗噗噗，很粗浊地响。

当三瓢、六谷、浮子系上裤子，低头看了一眼由他们尿成的小小烂泥塘时，他们同时感应到了彼此心里生起的一个恶恶的念头。先是三瓢从地上捡起一根小木棍，蹲下来搅拌起烂泥塘。土黑油油的，一种黑透了的黑，三瓢一搅拌，汪着的尿顿时就变得像黑墨水。

六谷低声说："能写大字。"

浮子从近处摘了一张大大的青麻叶，用手托着，蹲在了三瓢的身旁。

三瓢扔掉了木棍，捡起一块窄窄的木板条，将黑黑的泥浆一下一下挑到了浮子手中的青麻叶上。

那边，心领神会的六谷拔了四五根毛茸茸的狗尾巴草过来了。

三瓢、六谷、浮子看了看动静，在弯桥身边蹲下。

红扇起初不明白三瓢他们到底要对弯桥做什么，但当她看见三瓢像用一支毛笔蘸墨水一样用一根狗尾巴草蘸黑泥浆时，就一下子明白了他们的心机。她没有立即过来，而是远远地坐着。她不知道自己是否应当参与他们的游戏。

弯桥翻了一个身，仰面朝天。他的鼻翼随着重重的呼吸有节奏地扇动。

阳光照着一树饱满的、黄亮亮的像涂了一层油的甜橙。

它们又有点像金属制成的，随着风的摇动，在阳光下一忽一忽地打亮闪。一些绿得发黑的叶子飘落下来，其中有三两片落在了弯桥蓬乱的头发里。

弯桥的脸上像淡淡的云彩一般，又闪过一丝似有似无的笑意。

浮子望着三瓢，用大拇指在上唇两侧，正着刮了一下，又反着刮了一下。

"八"字胡。明白。三瓢用左手捋了捋右手的袖子，轻轻地，轻轻地，在弯桥的上嘴唇上先来了左一撇。

六谷早用手中的狗尾巴草饱饱地蘸了黑泥浆，轻轻地，轻轻地，在弯桥的上嘴唇上又来了右一撇。

很地道、很传神的两撇八字胡，一下子将弯桥的形象改变了，变得让三瓢他们几乎认不出他是弯桥了。

浮子将三瓢和六谷挤开，一手托着一青麻叶的黑泥浆，一手像画家拿了支画笔似的拿着蘸了泥浆的狗尾巴草，觉得弯桥眉毛有点淡，就很仔细地将弯桥的两道眉毛描得浓黑浓黑的。

弯桥一下子变得很神气，很英俊，像条走路走累了的好汉，困倒在了甜橙树下。

红扇在三瓢、六谷和浮子一边耳语一边捂住嘴笑时，轻轻走过来，见了弯桥的一张脸，扑哧笑了。

弯桥脸上的表情似乎受了惊动，凝住了片刻，但又很快回到原先那副沉睡的状态里。

三瓢他们几个暂且坐在了地上，看看被围观的弯桥，又互相望着，偷偷地乐。

太阳移到甜橙树的树顶上，阳光直射下来，一树的橙子越发地亮，仿佛点着了似的。

红扇说："该回家了。"

但三瓢、浮子、六谷都觉得不尽兴。眼前舒舒服服地躺着睡大觉的弯桥，似乎并未使他们产生足够的快乐。这凭什么呢？弯桥凭什么不让他们大大地快活一顿呢？三瓢扔掉了手中的狗尾巴草，直接用手指蘸了蘸青麻叶上的黑泥浆，在弯桥的脸蛋上涂抹起来。他想起七岁前过年时，妈妈在他的脸上慢慢地涂胭脂。一圈一圈，一圈一圈，一个圆便从一分硬币大，到五分硬币大，直到膏药那么大。

弯桥一下显得滑稽了。

红扇看得两腮红红的，眉毛弯弯的，眼睛亮亮的。三瓢轻声问："红扇，你想涂吗？"

红扇摇摇头："臊。"

浮子说："用狗尾巴草。"

红扇说："那也臊。"

六谷说："还有半边脸，你不涂，我可涂了。"

三瓢觉得红扇不涂，有点吃亏。他要主持公道，将一根狗尾巴草递给红扇："涂吧。"

红扇蹲了下来。

浮子立即用双手托着青麻叶。

红扇真的闻到了一股尿臊味，鼻子上皱起细细的皱纹，本来长长的鼻子一下子变短了。浮子赶紧将青麻叶从红扇的面前挪开了一些。

红扇跪了下来，用白嫩的小胖手拿着狗尾巴草，蘸着黑泥浆，在弯桥的另一半脸蛋上涂起来。她涂得很认真，一时忘了是在涂弯桥的脸，而觉得是在上一堂美术课，在涂一幅老师教的画。红扇是班上学习最认真也最细心的女孩。红扇干什么事都认真细心。她一笔一笔地涂，涂到最后，自己的脸几乎就要碰到弯桥的脸了。那时，她也闻不出黑泥浆散发出的尿臊味了。她一边涂，一边还与另一半脸蛋上的"膏药"比对大小。既然这一半脸蛋上的"膏药"是她涂的，那她就得一丝不苟地涂好，要涂得与那一半脸蛋上的"膏药"一般大小才是。

红扇涂得三瓢、浮子和六谷都很着急。

终于涂好了。红扇扔掉了黑头黑脑的狗尾巴草，长出一口气。三瓢他们也跟着她长出一口气。

他们都站了起来，然后绕着弯桥转圈儿。

红扇先笑起来，随即三瓢他们也一个接一个地笑了起来，越笑声音越大，越笑越疯，越笑越放肆，直笑得东倒西歪。后来，浮子笑瘫在了地上，红扇笑得站不住，双手抱住了甜橙树。

弯桥在笑声中醒来了。

笑声渐渐变小，直到完全停止。

三瓢他们四个，有坐在地上的，有弯着腰的，有仰着脖子朝天的，有抱着甜橙树的，在弯桥慢慢支撑起身子时，他们的笑声停止了，但姿态却一时凝固在了那里。

弯桥适应了光线，依然支撑着身体，惊奇道："三瓢、浮子、六谷、红扇，你们四个人都在这儿！"他闭了一阵双眼，又将它们慢慢睁开，但半眯着，"你们知道吗？我刚才做了一串梦，把你们一个一个地都梦到了。"

三瓢、浮子、六谷、红扇有些惊讶与好奇，一个个围着弯桥坐在地上。

弯桥往甜橙树的树根挪了挪轻轻地靠在甜橙树的树干上。

"先梦见的是红扇。那天很热，热死人了。我跟红扇躲到一个果园里摘树上的梨子吃。好大好大的一个果园，我从没有见过那么大的一个果园。红扇吃一个，我吃一个，我们不知吃了多少梨。不知怎么的，杨老师就突然地站在了那儿。直直的，那么高，就站在我眼前。他不说话，一句也不说。他好像不会说话。我和红扇就跟着他走，可我就是走不动。红扇走几步，就停下来等我。走着走着，就看到了一棵甜橙树，树荫有一块田那么大。'在毒太阳下面站着！'杨老师说完了，人就变成一张纸，一飘一飘地就没了。我和红扇不怕，有那么大一块树荫呢！我朝红扇笑，红扇朝我笑。我们摘树上的橙子吃，一人一只大甜橙。吃着吃着，树荫变小了，越变越小，我们就挤一块儿。树荫就那么一点点大，下面只能站一个人，另一个人得站在太阳下。一个大毒太阳，有洗澡的木盆那么大。橙子树晒卷了叶，橙子像下雨一样往下落。你说奇怪不？叶子全掉光了，那一片树荫却还在。可还是只能阴凉一个人。我和红扇要从甜橙树下逃走，一张纸飞来了，就在空中转着圈儿，飘，飘，飘……我们知道那是杨老师。红扇把我推到树荫下。我跳了出来，她又把我推到树荫下，她一定要把树荫让给我。我不干，她就哭，就踩脚。树荫像一把伞，我站在伞底下。伞外面是毒太阳，是个大火球。我要走出树荫。可是，红扇抬头一看，我就定住了，再也走不出树荫。树荫下阴凉阴凉的，好舒服。红扇就站在太阳下，毒太阳！渐渐地，她的头发晒焦了。我对她说：'把树荫给你吧她不回头。我就又往树荫外面走，她一回头，我又走不动了，两只脚像粘在了树荫——一地晒卷了的树叶。红扇用舌头舔焦干的嘴唇，我看着就哭起来，一大滴眼泪掉在了地上，潮了。你们知道吗？潮斑在长大、长大，不知怎么的，就变成了树荫，越变越大，越变越大，一直又变到一块田那么大……"

远处的田野上，有人在唱山歌，因为离得太远，声音传到甜橙树下时，已经没头没尾了。

三瓢、浮子、六谷和红扇都坐着不动。

"接下来，我就梦见了三瓢"，弯桥回想着，"是在荒地里。天底下好像一个人也没有了，就我们两个人。我们走了好多天好多天，就是走不出荒地。那才叫荒地呢，看不到一条河，看不见一点儿绿，满眼的枯树、枯草。天上连一只鸟也没有。四周也没有一点点声音。我和三瓢手拉着手。我和他的手好像长在一块，再也不能分开了。没有风，可到处是尘土，卷在半空里，像浓烟，把太阳都罩住了。我总是走不动，三瓢就使劲拉着我。真饿，我连土块都想啃，想看见一条河，想看见一个村子，想看见一户人家。我想掐一根青草在嘴里嚼嚼，可就是找不到一根青草，心里好生气，朝枯草踢了一脚。吓死人啦！那草被我一踢，你们猜怎么着？烧着了！一忽儿，就变成了一大片火，紧紧地撵在我们屁股后头。三瓢拉着我，拼命地跑。后来，我实在跑不动了，就倒在了地上。三瓢解下裤带，拴在我脚脖上，拖着我往前走。地上的草油滑油滑的，我觉得自己是躺在雪地上，三瓢一拖，我就滑动起来，像在天上飞。也不知是什么时候，三瓢大声叫我：'弯桥，你看哪！'我从地上爬起来，往前看。你们知道我看见什么啦？一棵甜橙树！它长在大堤上。知道大堤有多高吗？在云彩里。整个大堤上，什么也没有，就一棵甜橙树。我们手拉着手爬上大堤。知道这棵甜橙树的树叶有多大吗？巴掌大。我和三瓢没有一丝力气了，就坐在甜橙树下。我们都仰脸朝上望，心里想：上面要挂着橙子，该多好！……橙子！"弯桥仰着脸，用手指着甜橙树的树冠，眼睛里闪烁着光芒，"橙子！就一颗橙子，一颗好大好大的橙子！三瓢也看到了，抱着树干爬起来。我爬不起来了，直挺挺地躺在地上。三瓢说：'你在下面等着。'他就朝甜橙树上爬去。我记得他光着身子，只穿了条裤子，鞋也没有。他爬上去了。那颗橙子就在他眼前，红红的。他伸手去摘。怪吧？那颗橙子飞到另一根枝头上去了。它会飞！你们见过夏天的鬼火吗？它就像鬼火。它在甜橙树上飞来飞去。我躺在地上干着急：'在这儿，在这儿！'三瓢从这根树枝爬到那根树枝，上上下下追那颗橙子，可怎么也追不着。三瓢靠在树枝上直喘气，汗落下来，扑嗒扑嗒掉在我脸上，砸得我脸皮麻。那颗橙子就在他眼前一动不动地挂着，亮闪闪的，像盏灯。我瞧见三瓢把身子弯向前去，一双眼睛好亮好亮，紧紧盯着橙子。我的嗓子哑了，说不出话来。我就使劲喊：'三瓢，你要干什么？'我还没有把话喊完，他就朝那颗橙子扑了过去……扑通一声，他连人带橙子从空中跌到地上。他双手抱着橙子，一动不动地躺在那儿。我就大声叫他：'三瓢！三瓢！'他醒了，把橙子送到我手上。我推了回去。他又推了回来：'吃吧，就是为你摘的。'"

弯桥仰望着甜橙树上的橙子，两眼闪着薄薄的泪光。

刚才在远处田野上唱山歌的人，好像正朝这边走过来，因为他的歌声正渐渐变大变清晰。

三瓢、浮子、六谷和红扇都往弯桥跟前挪了挪。

"要说到你了，六谷。"弯桥将身子往下出溜一些，以便更舒坦地靠在甜橙树的树干上。他将两条腿伸开，交叉着："你们梦见过自己生病吗？我梦见自己生病了。一种特别奇怪的病。不发烧，哪儿也不疼，就是没精神，不想吃饭，不想打猪草，不想上学，也不想玩。看了好多地方，都治不好。有一天，我路过六谷家的院子，听到六谷家院子里的甜橙树上有鸟叫，不知怎的，就浑身发抖。抖着抖着就不抖了。我就听鸟叫，听着听着，我就想吃饭，就想打猪草，就想上学，就想跟你们一起到地里疯玩。我的病，一下子就好了。我抬头去看甜橙树上的鸟：它站在鸟窝边上，一个小小的鸟窝，鸟也小小的，白颜色，雪白，嘴巴和爪子都是红色的，金红，好干净，好像刚刚用清水洗过似的。它歪着头朝我看，我也歪着头朝它看。它又叫开了。我从没听见过这么好听的鸟声……"弯桥沉醉着，仿佛又听到了鸟的叫声。"从那以后，我就知道了，能治好我病的，就是那只鸟，全油麻地的人都知道我得了一种很怪很怪的病。六谷就对他家树上的鸟说：'去吧，飞到弯桥家去吧。'

六谷很喜欢这只鸟。它一年四季就在六谷家的甜橙树上叫。鸟不飞，六谷就用竹竿赶它：'去吧，去吧，飞到弯桥家去吧。'鸟在天上飞了几圈，就又落下来了。它离不开甜橙树。他央求树上的鸟：'去吧。弯桥躺在床上呢，只有你能救他，鸟就是不肯飞。六谷急了，就用石子砸它。鸟由着六谷砸去，就是不飞……不知是哪一天，我坐在门前晒太阳，就听见门口大路上轰隆轰隆地响。我抬头一看，路上全都是大人、小孩。你们知道我看见什么了？甜橙树，六谷家的甜橙树！六谷手里拿着他爸爸赶牛的鞭子，在赶那棵树。他扬了扬鞭子，甜橙树就摇摇晃晃地往前走。梦里头看不清它是怎么走的，反正它正朝我们家走来。六谷有时把鞭子往空中一抽，就听见叭的一声响，崩脆，像放鞭炮。甜橙树越来越大，大人小孩就跟着，闹闹嚷嚷的，也不知他们在说些什么。我看到鸟了。它守在窝上，甜橙树晃晃悠悠的，它也晃晃悠悠的。它忽然在甜橙树上飞起来，在树枝间来回地飞。后来，它落在最高的枝头上，对着天叫起来。大人小孩都不说话，就听它叫……从此，甜橙树就长在了我家的窗前，每天早上，太阳一出，那只鸟就开始叫……"

弯桥觉得自己是在说傻话，显得有点不好意思。

唱山歌的人离甜橙树越来越近了。悠长的山歌，一句一句地送到了甜橙树下。

三瓢、浮子、六谷和红扇又往弯桥跟前挪了挪。

弯桥看了看那只大网兜，有了想回去的心思，但看到三瓢他们并无一丝厌烦的意思，就又回到了说梦的念头上："最后梦到的是浮子……梦里，我先见到了我妈妈。"弯桥立即变成一副幸福无比的样子，"我妈妈长得很漂亮很漂亮，真的很漂亮。她梳一根长长的、长长的大辫子，牙齿特别特别白。她朝我笑，还朝我招手，让我过去。我过不去，怎么也过不去。我看到妈妈眼睛里都是泪，亮晶晶的。我朝妈妈招手，妈妈却不见了，但半空里传来了妈妈的声音：'我在大河那边……'妈妈的声音，好听极了，一直钻到我心眼里。前面是一条大河。世界上还有这么大的大河！你们都没有见过。一眼望不到边，就是水，白汪汪的水。可没有浪，连一丝水波也没有。有只鸽子想飞过去，想想自己可能飞不过去，又飞回来了。我就坐在大河边上，望大河那边，望妈妈。没有岸，只觉得岸很远很远。妈妈肯定就在那边。没有船，船忽然全没有了。浮子来了。他陪着我坐在大河边上，一直坐到天黑。第二天，我又坐到大河边上。浮子没来陪我。第三天，他也没有来。红扇来了，说：'浮子这两天一直坐在他家的甜橙树下。'我问红扇：'他想干什么？'红扇说：'他想锯倒甜橙树。''锯倒甜橙树干什么？''做船，为你做船。'我离开大河边，就往浮子家跑。浮子家门前有棵甜橙树，一棵这个世界上最大的甜橙树。我跑着，眼前什么也没有，只有那棵甜橙树。一树的绿叶，一树的橙子。我跑到了浮子家。甜橙树好好的、高高大大地站在那儿。浮子一见我，就朝我大声喊：'别过来！别过来！'就听见咔嚓一声，甜橙树倒下了，成千上万颗橙子在地上乱滚，我只要一跑，就会踩着一颗橙子，滑跌在地上……一连好几天，浮子就在他家门前凿甜橙树，他要把它凿成一条船。他一边凿一边掉眼泪。我知道，他最喜欢的东西，就是他家的甜橙树。他却朝我笑笑：'你要见到你妈妈了……'"

弯桥望着他的四个好同学、好朋友，泪光闪闪，目光一片迷蒙。

三瓢、浮子、六谷、红扇都低着头。

唱山歌的人终于走过来了，是个白胡子老汉。他见甜橙树下坐着五个孩子，越发唱得起劲，唱着唱着，又走远了。

弯桥上身直直的，盘腿坐在橙子树下，沾着泥巴的双手，安静地放在双腿上。

三瓢、浮子、六谷和红扇抬起头来望弯桥时，不知为什么，都想起了村后寺庙里那尊默不作声的菩萨。

红扇哭起来。

弯桥以为自己说错了什么，有点儿慌慌张张地看着三瓢、浮子、六谷。

三瓢爬起来，蹲到了那个小小烂泥塘边。当他一转脸时，发现浮子、六谷也都蹲到了烂泥塘边。他先是伸了一只指头，蘸了点黑泥浆涂到脸上，随即将一只巴掌放到了黑泥架上，拍了拍，又在脸上拍了拍……

浮子、六谷都学三瓢的样子，将自己的脸全涂黑了，只留一双眼睛眨巴眨巴的。

红扇走过来，也蹲在烂泥塘边。她看了看三张黑脸，伸出手指头，蘸了黑泥浆，一点一点、很仔细地在自己脸上涂起来，样子像往自己的小脸蛋上涂香喷喷的雪花膏。

三瓢他们不着急，很耐心地等她。

当四张黑脸一起出现在弯桥面前时，弯桥先是吓得紧紧地靠在甜橙树上，紧接着大笑起来。

三瓢他们跳着，绕着弯桥转圈儿。他们的脸虽然全涂黑了，但仍然看得出他们在笑。

"黑泥浆在哪儿？"弯桥问。

三瓢浮子、六谷、红扇不作声，用手指了指甜橙树后。

弯桥一挺身爬起来，找到烂泥塘后，用两只巴掌在黑泥浆上拍了拍，然后像泥墙一般在脸上胡乱地涂抹起来。

三瓢他们让出一个空位置来给弯桥。

五个孩子，一样的黑脸，像五个小鬼一般，在甜橙树下转着圈儿，又跳又唱……

金色的茅草

一

像漂泊在茫茫大海上的一只小船，矮小的草棚在深不可测的黑暗中沉浮着。

那盏四方灯，就在这深秋的黑暗中，孤独地发着微黄的光芒。

这是一片荒无人烟的海滩。它长着一片膝盖深的茅草。茅草在白天的阳光下，十分好看：金色，像一根根结实的铜丝，很有弹性，让人觉得能发出金属声响。海风吹过，草浪如同海浪一样晃动起伏，打着一个个旋涡，朝蓝色的天空耀起一片夺目的亮光，把那些飞在它上空的鸥鸟们变得像金铸的一般高贵。

黑暗中的茅草，却又显得荒凉：海风掠过，草梢发出呜呜的鸣音，这种声音在荒无人烟的海滩上听来，不免使人感到有点悲哀。

青狗和父亲就是为了这片茅草而来的。父亲把所有积攒下来的钱都拿了出来，租了这片海滩，要把茅草统统刈倒，然后用船运回去盖房子。

青狗正在上学，是父亲硬将他逼来的。

他抱着膝盖，坐在草棚的门口，望着寂寞的天空。四周空空的，黑黑的，无声无息的，只远远地有一两声鸥鸣和低低的潮涌声。这孩子忽然觉到了一种压抑，一种恐惧，一种深刻的忧伤。

他如饥似渴地想念起三百里外的家乡来——那个傍水而居的村庄。想念田野，想念小船，想念风车和在村巷里捉迷藏……

他扭过头去，冲着父亲："我已离开家十天了！"

父亲抬起头来，用对立的目光望着他。

"我要回家！"

父亲重又躺下。

"我要回家！"

父亲慢慢地爬起来，摇晃着高大的身躯，从草棚门口的架子上摘下四方灯，侧过头瞪了青狗一眼，噗地一口将灯吹灭了……

二

父亲吝啬、乖戾、暴躁、不近人情。

青狗是一天到晚瞧着父亲冰冷的脸长大的——冷冷清清地长到了十二岁。十二年，青狗养成了一个用眼睛在眼角战战兢兢看人脸色的习惯。可是，就在几个月前，忽然地，仿佛是在一个早上，青狗觉得自己长大了，敢与爸爸的目光对峙了，甚至敢大声地提出自己的要求了。

"我要一个书包！"青狗勇敢得有点夸张，就在秋季开学的前夕。

父亲从怀里掏出两块钱来，刚想放到他手上，却又将它放在眼前好好看了看，然后狠劲地塞回怀里。

后来，父亲只是很精心地用一块结实的牛皮纸给青狗糊了一个书包。

青狗把这个书包摔在地上。

父亲忽然从凳子上站起来。父亲的个儿好高哟！可那张永无笑容的脸上却写着：你敢！

青狗哭着捡起这个书包。

青狗背着这样的书包上学去，招惹得孩子们前呼后拥地看，哧哧地笑。青狗只得把头高高地昂着，大踏步地往前走。

一天放学，走在半途中，天下起了大雨，青狗竟忘了那书包是纸糊的，不往怀里揣，背着它就往家跑。就在离家几步远时，纸书包被雨水泡烂了，里面的那些刚发到手才五六天的新课本，全都掉在了泥汤里。

青狗紧张地朝门口望。

青狗竟忘了捡书。它们就那样丑陋地躺在泥汤里，在雨点的敲打下，肆无忌惮地发出滴滴嘟嘟的声音。

当青狗终于想起来那些书，把它们捡起来，要走进门去时，父亲的巴掌重重地落在了他的后脑勺上。

青狗颤着嘴唇，一声不哭地转过身去，毫无目标地朝密匝匝的雨幕里走去……

雨后的星空很明亮。

青狗坐在河边的树墩上。他不觉得冷，也不觉得饿。凝望着无边无涯的星空，他牵肠挂肚却又很虚幻地在想：妈妈在哪儿呢？

他从来就没有见过妈妈。

这孩子满脸闪耀着泪光。

……他听到了父亲粗浊的喘息声。

他微微侧过头去：父亲手里抓着一件他的衣服，垂头站着。他看不清父亲的眼睛，却觉到了父亲眼中含着的歉疚。他先是小声地哭，继而一哭不可收，他的号啕声在夜空中有力地传播着。

父亲朝他走过来。

他委屈地朝父亲哭着叫着："我要妈妈！我要妈妈！"

月光下，父亲用近乎凶恶的眼神久久地望着青狗，然后把他的衣服狠狠地扔在地上……

三

青狗极疲倦，但，父亲还是一大早就把他从铺上赶起来。

父亲扔过一只铁桶，独自扛着打草的刀离开了草棚。

青狗磨蹭了一会儿才提起铁桶。每天早上，他都必须完成一个任务：翻过海堤，提一桶淡水回来。他走得很慢，脑袋有气无力、忽左忽右地摆动着。走到大堤脚下，他把铁桶扔在一边，干脆把自己掼倒在一片茅草上。他摊开四肢，慵懒地闭上了眼睛。

那时，太阳才在海的那边抖颤出一半。

他居然迷糊了一阵。等他坐起身来，揉着惺忪的眼睛时，太阳已高高地挂在海上了。他忽然有点紧张，下意识地看了看远处父亲的身影。但他却还是坐着，心里一个劲地、充满理由地说：我困，我还要睡一会儿呢！当然，他最终也没有再敢睡，嘟囔着提起铁桶，翻过了大堤。

当他提着一铁桶水再翻过大堤时，太阳又朝上冒了好高一截子。

他觉得那桶水很沉，走几步就咚地放在地上，又是喘气，又是扭腰地歇上一阵子。那桶水由于他身体的大幅度晃动，提回草棚时，已剩下不多了。最后，他几乎是把铁桶掷在地上，水又溅出去一部分。

这时，他感到父亲冷冷的目光正斜刺着他。

他背对着父亲蹲下去，既是心虚，又是一种无声的对抗。

刈草的唰唰声越来越强烈地响着，仿佛一根导火索在咻咻地向前燃烧。

一片让人难忍的寂静。

光光的太阳，尴尬地照耀着他们。茅草在阳光的作用下，仿佛是一片灼人的大火。鸦雀无声的海滩上，只有一老一小两颗灵魂的喘息。

青狗用一种胆怯而又满不在乎的，甚至带着几分挑战的神情，提着水桶朝父亲走去。

父亲赤着脊梁。一把细长的大刀，足有五尺多长。它装在一杆长柄上。父亲把柄的底部抵在腰上，用双手用力抓住柄的中部，一下一下，猛地转动身体。随着一道又一道瘆人的寒光，茅草沙啦沙啦地倒下了。

青狗要把这些草抱起，然后垒成一垛。

青狗望了一眼父亲汗渍闪闪的褐黄色脊背，把水桶放在地上，并有意摇动了一下提手，使它与铁桶碰撞，发出声响。

父亲扔下大刀，张着焦渴的大嘴，朝铁桶走过来。

青狗一边抱草，一边偷偷地看父亲。

父亲走到铁桶跟前，身体笔直地站着，把目光长久地、垂直地砸向那只铁桶。

青狗看到父亲终于弯下腰去。可是他又很快看到，父亲在把铁桶往嘴边送时，突然停住了，紧接着站起身，一脚将铁桶咣当踢翻在地上。水吱吱响着，眨眼的工夫，就被海滩吮吸了。

青狗颤动着嘴唇。

父亲又更加凶猛地打起草来。

青狗哗啦哗啦地拢着草，然后超出可能地将它们抱起来。一路上，草瓣里啪啦地往下落。

父亲扬起大刀："我用刀劈了你！"

青狗身子不动，只是偏转过脸去，梗着脖子，用被泪水蒙住的眼睛毫不示弱地去顶撞父亲的目光……

四

青狗有时也有点可怜父亲。

父亲生得很魁梧，并且在青狗看来，在他所见到的男人中，是没有一个人能与父亲的漂亮相比的。可是，不知为什么，父亲却总是显得有点萎缩。打记事起，青狗就好像没有见过父亲在人面前抬头走路过——他老将头低低地垂着，仿佛压了一块沉重的磨盘。

青狗也总闪闪烁烁地想起：

夏夜，男人们都到桥头乘凉去了，或吹拉弹唱吹牛皮说大话，或挑一盏四方灯甩扑克赌钱赌耳刮子，只有父亲独自一人坐在河岸边一只废弃的反扣着的老船上。发白的月光洒落在他身上。他俨然是一尊雕像，一动不动地直坐到月亮从天空中消失，露水打湿他的全身。

漫长的春夜，更是父亲孤独的时候。他给青狗盖好薄被，披着衣服，一人拉开门走进冰凉的夜色中。青狗爬起来，踮起脚从窗子里往外看着父亲的身影，直到父亲完全溶解在夜色中。青狗就在床上等父亲。总是等不着，便渐渐睡去。不知什么时候，他隐隐约约地听见空旷的原野上传来一阵哼唱——是父亲的声音。父亲含含糊糊地哼唱着，道道地地的男人的声音。那声音像从深沉的酒瓮中发出，浑厚、沙哑，虽然不怎么自然，但却让人禁不住一阵阵动心。这声音一会儿压抑着，一会儿又沉重地向高处冲击。像有生命似的，这声音在夜空中挣扎、扭曲着，鞭子一般抽打着黑夜。

青狗不知不觉地哭了。

父亲一年四季总是很辛苦的。他除了干庄稼活，总找机会挣钱去。给人家货船下货，到建筑工地上打短工……只要能挣钱，父亲什么都干。有些情景，在青狗的记忆里已经模糊了，但有一个形象，却如刀子刻的一样，总在青狗的记忆里抹不去——秋后，父亲去粮站做工。

中午，青狗给父亲送饭去。打老远，他就站住了。粮囤很高，青狗要仰起头来望，父亲扛着一大箩稻子，踏着只有五寸宽的跳板往上走。那跳板的斜度近乎垂直着。父亲只穿一条短裤，那只大箩就像小山一样压在他赤着的肩上，他一步一步地走，每走一步，都停顿一下，努力使摇晃着的快要失去重心的身体保持平衡。父亲低低地哼着号子，但那号子似乎并不能起什么作用，也仅仅是哼着。父亲终于登到了顶处。父亲的身子直立起来，又瘦又长，远处天空的浮云在他背后飘动着，使青狗觉得父亲悬在半空里。那形象倒让青狗有几分激动和自豪，但更多的是伤心。

青狗就这样呆呆地看着。有一回，父亲差一点从高高的跳板上摔下来。父亲终于走下了跳板，走过来揭开青狗手中竹篮上的毛巾。他一边吃，一边望着青狗，那目光里含着感激……

五

父亲有点不要命了，五更天就起来去打草。

过于疲倦，饮食草率，加之海风猛吹，使青狗变得又黑又瘦，裤子束在瘦腰上，仿佛束在一束草把上。可是父亲似乎丝毫也不在意，仅仅是让他比自己多睡一刻后，就会虎声虎气地冲着草棚把他叫醒。

青狗一声不吭地闷干着。

这天，父亲居然说："把那一片草打完，才能吃中午饭！"而那时，太阳已有点倾西，青狗早饿得腰杆发软直不起身来了。

"我要吃饭！"

"打完了吃！"

青狗把怀里的草哗地撒在地上。

"你滚回家去吧，现在就滚，你这不懂事的小畜生！"父亲往手掌上吐了一口唾沫，疯狂地挥舞着大刀。他的身体一会儿像麻花一样拧着，一会儿又松开。拧紧，松开，松开，拧紧，随着一拧一松，力从他的躯体里咔巴一声爆发出来，传达到手上。于是，那把大刀在一丈多的距离里来回疾驰着，茂密的茅草，咔嚓咔嚓应声倒下。有时，刀过于压低，砍到泥土上，便溅起一蓬蓬泥花，碰到石头，便击起几星金蓝色的火花。

青狗呼哧呼哧地拢草、抱草、堆草。他有点发疯了。

风很大，大海从天边往岸边凶猛地推着排浪，形成一道道锯齿形的白线。鸥鸟们在浪尖上兴奋地尖叫着。风从海上猛烈地刮过来，茅草被压迫得几乎趴在地上。可是风稍微一减弱，它们又坚挺起来。

父子俩就在这草浪里，一寸一寸地往前拓进。他们的头发被风吹得飞张起来。青狗常被这草浪淹没了。像是搏斗，父亲暴着眼珠，对这片草浪狠狠地挥动着大刀，青狗则寸步不让地撵在父亲的身后，把他打倒的草狠狠甩到一起，然后仿佛要勒死它们一样，死死将它们抱住，送到草垛下，扎成捆，像扔死狗一样扔上垛顶。

那片草总算是打完了。父亲走进草棚，拿出饭来，盛了一碗放到青狗面前。青狗把眼珠溜到眼角看了看饭，用劲咽了一口唾沫，头也不回，朝前走去，拿起地上的大刀，用尽力气朝茅草砍去。

父亲扔掉筷子，把饭倒回篮子里，走过来，夺过大刀，随即朝着更大一片的茅草刈去。

青狗咬着嘴唇，带着一种踌躇的心情，把倒在地上的茅草揪到一起……

青狗的眼前一阵阵发黑，有时连太阳都是一个墨团团。

可是，他绝不走向那只盛饭的竹篮。

父亲不转身，一直把后背扔给他，只是朝前猛砍，仿佛要一直砍到天边。

月亮升起来了，他们还在海滩上往前挣扎着……

六

终于，父亲租下的这片海滩变得光秃秃的了，海滩显得有点凄凉。但那三大垛茅草，却像三座璀璨夺目的金山，高高地耸立在海岸上，煞是壮观。

晚上，父亲从铺角上拿出一瓶酒来，用牙齿掀掉盖子，哗啦啦全倒进碗里，露出从未有过的激动和亲热："狗，喝点！"

青狗与父亲之间似乎有海样深的怨恨，把脸扭到一边去。

父亲居然不在意青狗的敌意，一边大口地喝酒一边兴奋地说："你小子知道个屁！我们要盖三间茅草屋，三间！茅草屋比瓦房还好，你懂吗？茅草屋冬暖夏凉。找几个好瓦匠，把这茅草一根一根地厚厚地压结实了，盖好了，往上扔一把火，乱草燎了，茅草却不着，再用大扫帚一刷，平平整整！天下最好的屋，就是用海边的茅草盖的屋！"

青狗倒在铺上，不一会儿就睡着了。

父亲喝完酒，有了点醉意，抽着烟，竟唱了起来，那声音是哀怨的、凄楚的，却又有几分壮烈。

草棚依然像一只夜航的独船，在黑暗中漂泊着……

烟蒂从困倦的父亲的手中滑落在地上……

大约五更天，青狗觉得脸热烘烘的难受，睁眼一看，吓得他半天才叫出声来："火！"

父亲只是含含糊糊地哼了一声，依然沉浸在酣睡中。"火！"青狗使劲摇着父亲的身子。

父亲太疲倦了，一旦放松，竟睡得像死过去一般。青狗朝父亲的胳膊咬了一口！

父亲突然坐起身来。此时，火已从草上蛇一样爬上了草棚；等父亲终于从发愣中清醒过来时，火已四处乱突，呼呼地轰响开了。

他们逃出草棚的一眨眼工夫，草棚便焚成灰烬。

几条火蛇贪婪地吐着舌头，迅捷地向那三垛茅草游去。

父亲哆嗦了一下，冲到了火蛇前头。他想用脚踩死它们，可是根本无济于事，它们还是扭曲着，昂着蓝莹莹的头往前游去。父亲索性躺倒在地上，不顾一切地向它们滚过去。然而，它们在稍微收敛了一下之后，还是朝前噼噼啪啪地蔓延过去。

青狗在一旁站着，弄不清楚自己是什么样的心情。

父亲被火蛇甩在了后面。他绝望地看着它们。忽然，他把额头死死地抵在地上。过一会儿，他又猛地抬起头来，仰望着那隆起的森严的天空，长叫了一声："天——哪——"

无数条火蛇几乎同时蹿到了三垛茅草垛脚下，并一个劲地朝上爬去……

火轰隆隆地响着。青狗心里起了一阵莫名其妙的激动。

父亲发疯似的向大火扑过去。

青狗觉得父亲很可笑，很可怜。他心里有一种残忍的满足，尽管随即一种负罪的感觉便充塞了他幼小的灵魂。

三垛草完全点着了。它们像三座爆发的火山，火焰冲天而起，映红了半个天空，也映红了半个海面。借着海风，火的声音像巨大的海潮一样咆哮着，震得人脑发麻，热浪向外一阵阵地爆发着热量。几只冒险的海鸥飞临火的上空，不一会儿，像几朵金色的美丽花朵在大火中好帅气地化为乌有。

青狗出神地看着这一切，兴奋得身子一阵阵发冷。

"啊——啊——"父亲在三垛茅草堆中间的空地上，挥动着胳膊，歇斯底里地吼叫着。

青狗忽然想起父亲。他朝火光里望去，只见父亲在火光中形体不定地闪烁着。他的身影一会儿拉长，被映到天幕上；一会儿缩短，似乎缩进海滩里。他通体透亮，仿佛连肉体都烧着了。一团燃烧的草从空中飘落下来。青狗看见了父亲绝望的眼睛和痛苦地抽搐着的嘴唇。父亲脸上的神情清楚地告诉青狗，他要与那三垛茅草一起葬身于海滩了。

"爸爸——"青狗大声地喊着。

父亲肖然不动地站在三座火山中间。

"爸爸——"青狗号哭着向火山冲去。

父亲听见了青狗的呼喊，浑身一震，朝大火外望着。

"爸爸——"青狗跪倒在地上。

父亲回头看着青狗。

"爸爸——"青狗望着父亲。

父亲看了看三座火山，一低头冲出了火圈。他的衣服已经烧着了。

青狗立即爬起来，朝大海拼命奔过去。

父亲跟着他。

青狗把身上冒着火苗的父亲一直领进大海里。

天已拂晓，三座火山渐渐地矮小下去。

青狗和父亲安静地坐在海边。

父亲除了一件破烂的裤衩，衣服全被烧毁了，在海风中赤裸着躯体。

不知过了多久，父亲把那只被灰烬弄黑了的大手落在青狗的头上，眼睛依然望着那三堆火光："你想你妈妈吗？"

青狗点点头。

父亲还是望着那三堆火光："你妈妈走了十一年啦，是跟着一个唱戏的男人走的。因为，我没有能让她看见三间茅草屋。我答应过她，结婚后就给她盖三间茅草屋的。你妈妈长得很漂亮。谁都说她漂亮。她说她要走。我双手抱着你——那时你还不满一岁，跪在她面前求她：'三年……三年我把茅草屋盖起来……'她朝我笑笑：'废物！你也能盖出三间茅草屋？……'"

青狗抬起头来望着父亲：父亲的肋骨一根一根地显露着，肩胛坚硬地耸起来，眼睛有点浑浊了，但目光凶凶的，头发像被割过的茅草，一根一根倔强地参着。

三堆茅草熄了。天空是红色的，仿佛那燃烧了很久的大火都飘到天空中去了。

海一片宁静。

海边，青狗伏在父亲的大腿上，与父亲一道，睡着了，仿佛没有任何思绪。只有柔和的海风轻轻地掀动着父子俩的头发……

水下有座城

槐子和秀鹊认定，那座城确实是存在的。

它在很遥远的年代陷落，沉没在这片无边无际的大水之下。

可是到底在哪儿呢？

一

大伯拍拍手上的泥土，朝秀鹊摇摇头，给了一个苦笑。

"蘑菇还没出吗？"

大伯回头看一眼蘑菇架，苦笑了一下："连蘑菇毛都没出一根。"

秀鹊踮起脚往架子里看，一层层泥土还是一层层泥土，是死了的泥土。她去过阿垅家的蘑菇房，那蘑菇却是争先恐后、层出不穷地在拱，在攒动，洁白纯净，胖墩墩，小胖娃娃一样爱煞人，每天早晨都能采两大筐。大伯家的蘑菇为什么就是一颗不出呢？大伯也没少费心，搭架子、找牛粪、铺土、打药、种菌、洒葡萄糖水……大伯人都瘦了一圈。这些天，大伯是眼巴巴地等着的，几乎不肯出蘑菇房一步。

大伯用手抓了一把泥土，又松开，让土纷纷落回架上去："秀鹊，你大伯大概不配在陆地上营生，就活该在水上漂流。"

"明天就能出的。"

大伯叹息道："借你家的一千块钱，恐怕要被我糟蹋了。"

秀鹊把目光转到一边去。

大伯不甘心，又进蘑菇房，爬上爬下地看，爬上爬下地洒葡萄糖水。

秀鹊倚在柴门上，似乎怀着一个心思。

蘑菇房深处，又传来大伯轻轻的叹息声。

"大伯——"秀鹊忽然叫道，却又迅捷地将话吞回肚里。

"秀鹊，叫大伯吗？"

"嗯。"秀鹊显得不安。

大伯走出来："有事吗？"

"没……没有。"秀鹊直摇头，两根小辫两边晃悠。

大伯疑惑地望着她那对明澈如水的眼睛。

"没事，真的没有事。我是问槐子哥这会儿在哪儿。"秀鹊一撒谎，脸就红。

大伯说："这孩子像中了邪似的，荡了只小船，又找那座城去了。"

秀鹊转身去望那片浩渺无涯的水。

"多半是为你找的。"

……

"还记得那阵吗？你和你爸在我家大船上住，你老是念叨那座城。依大伯看，其实那座城真是没有的。"

秀鹊走向水边，在漂着水沫的岸边坐下，眺望着远处的水面。

只要见到那片水，秀鹊总会想起那场大水……

二

水是那么的大，从四面八方汹涌地漫上来，水面像个硕大无朋的泡泡，鼓起来，挺起来，白晃晃地吓人。那船，像在水鼓起的巨丘上，显得又高又大。水不住地膨胀着，时刻要爆炸。水鸟在阴沉沉的天底下惊慌失措地乱飞，并且发出令人毛骨悚然的叫声。有几只不时往下俯冲，对水拼命进行拍击。岸上的人弃家出逃，拖老携幼，往远处跑，往高处跑，惊恐的叫喊声，在方圆几十里的天空下远远近近地响。水面先是无声的，只是膨胀，终于，这大水泡破裂了，往四面八方漫开，白浪层层，像成千上万匹银色的野马，嘶鸣着扑过来，越过堤岸，涌进田野和村庄，一时间，天底下只有隆隆如雷的浪涛声。腐草朽木在漩涡里沉浮挣扎，有时还漂来整整一个屋顶，在人眼前一晃，又被漩涡吞没了。一些放鸭的小船被掀翻，像巨大的死鱼在水上乱漂。风车顶上、大树顶上、建在高地的屋顶上，都有未来得及远逃的人。

秀鹊和爸爸被困在两块大门板上，大门板被绳拴在烟囱上。

秀鹊吓得不知道害怕了，便呆呆地张望。天底下除了水还是水，仿佛整个世界就是一片汪洋大海，绝无一寸陆地。

秀鹊的爸爸已很劳累了，坐在大门板上，低垂着湿漉漉的头。

门板随着波浪在摇晃。

水还在不停地往上涨，因为，秀鹊刚才还看到村前的旗杆露出一丈多，而现在只有几尺长了。

秀鹊从爸爸的脸上，看出了一种死亡的预感。随着门板的晃悠，她想起很多事来：下了一场春雨，门前的竹林里，那细嫩的竹笋一根抢一根地往上蹿，几天就蹿得比她人还高；大孩子爬上桑树，使劲地摇，她和其他孩子就在地上捡那桑椹吃，一个个直吃得满嘴紫红，互相望着笑；水塘里，有一种扁扁的小鱼，身上五颜六色，拖着两根长长的飘带，那飘带就在水里悠悠地荡，好飘逸；秋天，妈妈总要用捣烂的凤仙花泥加上明矾，用青麻叶裹一团在她指甲上，隔三五天，取掉了，指甲便红亮红亮的……

秀鹊觉得那水是一定要把门板掀翻的。

爸爸一直垂着头。他好像已经不抱生还的希望了。既然不抱希望，反而安静了，那慵懒的样子像在昏沉沉的春睡里。

秀鹊忽然心儿一蹦，差点要从门板上站起来——一条大船正朝这边驶来！

她没有打扰爸爸，就一个人静静地望着那大船。

白帆像翅膀一样，在水波上鼓动。它是天与水之间唯一的活力。

秀鹊从未看到过这么美的景象，心里一阵阵激动。

大船过来了。

船头上，站着一个赤着上身的男孩。

那男孩忽然大声叫起来："爸爸，那边有人！"

船头又出现一个中年男子，他一看到这情景，马上大声叫道："扳舵！"

男孩立即跑到船艄，那船便笔直地驶来了。不一会儿，秀鹊的整个视野里便只剩下一叶白帆。

那中年男子跑回船中央，一拉绳子，白帆便"哗啦啦"落下。船横过来，靠近了两块门板。

"爸爸！"秀鹊大声叫着。

爸爸抬起头来，神情漠然地望着秀鹊。

"船！船！大船！"

爸爸好半天才反应过来，掉头一看，又半天张着大嘴哑默着。

"兄弟，来，和孩子上船来吧！"

秀鹊和爸爸呆呆地坐着，傻了似的。

那男孩跳进水中，解开绳子，将两块门板分别推向大船。

那中年汉子弯下腰，伸出大手："好闺女，抓住大伯的手！"

秀鹊慢慢伸出冰凉冰凉的小手。她的小手一下将那双大手抓住了。她"哇"的一声哭了。

大伯将她抱上船后，费了很大的劲，才把她爸爸救上船。

爸爸上船后，还两眼发直地愣着。

"就你和爸爸两个人？"大伯问。

"妈妈被大水冲走了。"

那男孩爬上船来了。

"他叫槐子，你就叫他槐子哥吧。"

秀鹊点点头。

槐子望着她，一下害臊起来。

大水一直不肯退去，大伯就一直将秀鹊和爸爸收留在船上。

大伯是个篾匠。往上数，不知从哪一代开始，就一直在水上漂流了。这片水面四周都是良田，收庄稼时，要用竹箩。这里的人又都爱用竹制品，竹篮子、竹匾、竹筐……大伯就靠做这些家什为主。船便是家，前程随风漂移，日子在水上流淌。

一日一日地，秀鹊和爸爸吃在船上，睡在船上，爸爸很不过意。

"谁还没有个为难的时候？这船上有吃的，有喝的，你父女俩就踏踏实实地待着，等水退下去，那时，我自然送你们回家。留也留不住你们，陆上的人受不住水上这份寂寞，这份不着根底的空落。"大伯说。

秀鹊倒在船上玩得很开心。她跟槐子哥已熟了。槐子哥很腼腆，但见的世界大，知道的事情也多，总有让秀鹊新鲜的。她跟着槐子哥船前船后跑，舱里舱外钻，并不觉得天地小。

大船载着失落了家园的秀鹊和爸爸，在这水里漫无目标地漂泊，在水浪撞击船舷的"豁郎"声和水鸟的鸣叫声中打发着光阴。

三

那是一个绝对迷人的黄昏。

黄昏里，槐子把秀鹊带入了一个绝对迷人的世界——

"这水底下有座城。"槐子说。

秀鹊惊奇地望着他。

槐子把两条腿垂挂在船舷上："很久很久以前，大概连我爷爷的爷爷都没出世那会儿，这儿有一座城，突然的，就陷落了，大水漫上来，它就永远永远地沉在了深水里。

那城有很多花园，一片接一片，街是用红油油的檀香木铺的，没一丝灰尘。人出门都用黑的马或白的马拉的马车，那马车是金子的，连马蹄都是金子的，用银丝编成的长马鞭挥舞起来，银光道道。到了晚上，一街的灯，人们就在街上散步，听从各种各样的房子里传出来的乐声……"

"真有这座城吗？"

"真的。我和爸爸驾船走了很多地方，老人们都这么说。"

"它在哪儿呢？"

"这我不知道。"

秀鹊痴迷地望着茫茫的大水。

黄昏时的远空是柔和的橘红色，弯曲的顶空是一片深深的纯蓝，远处的水映着远处的天，只有轻风荡来，橙色的水面像匹薄绸在轻飘飘地颤悠，一丛半丛芦苇竖着毛茸茸的穗子，三两只长翅细身的水鸟在这弯曲的天空下细无声息地滑翔，仿佛是锡箔儿叠成被风吹到空中去的，一只远飞的银灰鸽子，大概疲劳了，估摸着自己一时不能越过这片漫无尽头的水面，在桅杆上盘旋了一阵，竟然落在了降下的白帆上，微微有些慌张，翘首朝西边的天空望，几条身材悠长有弹性的白条鱼，跃出水面，在一尘不染的空气里，划了几道银弧，跌在水里，水面一时碎开，溅起一蓬蓬细珠……

在这样的黄昏，听这样的故事，秀鹊的魂儿就飘出来了，飘到天空下，飘到水面上……这魂儿仿佛真的看到了那座有金色的马车在檀香木铺就的大街上辚辚作响的城。她的眼睛便在黄昏里一闪一闪地发亮。

槐子托着下巴，也让心去自由自在地想象那座城。这大船四周无边无际的空白，使得这两个孩子的想象毫无阻拦，无拘无束。

大伯走过来，笑了笑。

"大伯，你说那座城在哪儿呢？"

"你别听你槐子哥瞎说！"

"你自己就对我说过好几回。"槐子说。

"那是大人哄小孩玩的。"

"不对，谁都说有这座城。"

"那你们就相信去吧。"

"你自己就相信的。"槐子说。

大伯笑了笑，和秀鹊的爸爸到船后舱的盖板上吃那一尾鱼、喝那一壶酒去了。

"肯定有那座城！"秀鹊说。

"就是有的！"槐子说。

夜里，秀鹊竟然醒来了，翻转身，趴在小铺上，拨开窗子往水面上瞧，远处的景象，差一点没使她叫出声来：

水面上，隐隐约约的，一片灯火！

秀鹊揉了揉眼睛，看得越发真切。她爬到舱外。"是你吗？"不远处，有人问。

"是槐子哥！"她看到槐子坐在舱外，激动地指着远方，"你看到了吗？"

"嗯。"

苍茫的天穹下，那一片亮光星星点点，在遥远的水面上，既壮观又神秘地闪烁着，真似万家灯火。

"是水下那座城的灯火映到水面上来的。"槐子说。"就是的！"秀鹊靠近槐子。

船舱里，睡得迷迷糊糊的大伯觉察到外面的动静，说了一声："这两个孩子，五迷三道的，那光是水里的一种鱼发出的。"

秀鹊的爸爸一笑说："我那闺女从小就傻得要死。"

两个孩子不去理会大人的嘲笑，竟肩挨肩地坐下，凝眸，朝那片灯火，充满幻想地远眺……

四

远远的，槐子摇着小船出现了。

秀鹊不知道是等他好还是回去好。她怕他问："是来找我的吗？"她今天并不是来找他的。她已好多天不来看他了，因为她羞于见到他。这几天，爸爸总在催促她："到河边去，跟你大伯把一千块钱要回来，借去都一年多了。"她拒绝道："要去你自己去！"爸爸说："大人不好开口，你小孩家怕什么，没有就罢呗。"今天爸爸发脾气了，她不得不来向大伯询问。

一年前，爸爸在水上寻到了大伯，劝他说："你就别再带着孩子在水上到处漂了，上岸住吧。"大伯先是不愿，但爸爸好劝歹劝，他的心也就动了：倒也是，我一辈子在水上漂倒也罢了，不能让槐子也一辈子没着落呀！就听了爸爸的劝。

如今，爸爸是这地方上的有钱人。从大伯的船上上岸后，他见前村后舍的房屋全都坍塌了，想起那天大伯的船到过一个码头，那地方出木材，价钱极便宜，灵机一动，就凑了一些钱，拖回一个木排来。当时，人们重建家园心切，不管爸爸出价多高，不到一天就把一个木排抢光了。爸爸赚了一大笔钱，又建了两眼砖窑，那砖瓦也是抢手货。爸爸的口袋也便一日一日地雄厚起来。

大伯上岸后，爸爸很慷慨，一甩手一千元："垫个底，你自己带着孩子奔日子吧。"

现在，爸爸钱多了，却要收回这一千元钱了。

"秀鹊！"槐子的小船靠岸了。他将小船的缆绳拴好，满脸欣喜："那座城，怕要找到了。"

秀鹊跑向槐子："在哪儿？"

"我在水上遇见一条从西面来的大船，那船上有个白胡子大爷，他说，那座城就在小柴滩南面三四里的地方。

他说他年轻的时候，在水底下见过那座城。"槐子说得神采飞扬。

"去找吗？"

"当然。"

"什么时候？"

"明天一早！"

五

第二天中午，那只小船确实停在了小柴滩南面三四里的水面上。

水是蓝的，蓝得很高贵。没有一丝风，水平滑、温柔，静得神圣。天空高远，一两朵边际银灿灿的白云在天边似动非动地飘游。

秀鹊和槐子坐在船上，在这无边的寂静中沉默着。

透过那蓝晶晶的水，他们的灵魂似乎看到了那座城：檀香木铺成的街上，黑的马或白的马拉着金色的马车，在洁净无尘的空间里，往前行驶。金马蹄叩着路面，发出清纯的脆音，银马鞭在空气中划过，留下一道又一道银光……

"你等着，我先去。"槐子跳进水中，一蓬水花便在阳光下盛开着，但瞬间便消失了，只有一道道水圈慢慢地向远处扩去。

秀鹊很安静地坐在船上。

她什么也不想，只想那座城。

天空下似乎一无所有，只有这只船和这个小姑娘。

透明的空气里，淡淡地飘着由于阳光而蒸发出的青蓝的水烟。

"槐子哥该看到那座城了。"秀鹊这么想，眼睛便愈发地黑亮起来。

几只血红血红的蜻蜓在小船周围飞，红脑袋、眼睛黑晶晶的那一只，竟然停在了秀鹊的黑发上，仿佛给她戴上了一朵花。

槐子露出水面。

"见到了吗？"

"还没有，但我觉得快啦。"

槐子很固执，一次又一次地扎到水底下去。

"我觉得那座城肯定就在这儿！"槐子精疲力竭了，但关于那座城存在于此的信念反而坚定得像块岩石。

天将晚，他才肯听秀鹊的劝说，爬上船来。

"该回家了。"秀鹊说，"以后再来找吧，会找到的。"

"那当然。"

槐子扯起小白帆，船便往回驶。

黑暗从天边无声无息地涌来，空气慢慢地染成了黑色，水天相接的地方变得一片模糊，一星半星渔火在远处半明半暗地闪烁，随着一阵晚风飘去浮云，像揭开一块面纱，天空闪烁起满天星斗。整个世界便在一片神秘中微微喘息着。

星光下，小船在滑溜溜的水面上行着。

"真有这座城吗？"秀鹊问。

"当然有。"

"我想也是有的。能见到那些金马车，那该多好！"

"肯定能见到。到时，我挥起银马鞭，能'叭'地甩一个响。"

弯弯的新月，如同金镰挂在天幕上。

仿佛整个世界都在聆听两个孩子赤诚的愿望……

六

冬季。

秀鹊虽然始终惦记着那座城，但却很少来找槐子。因为每当她见到槐子的目光，她就觉得脸上发烧——在此期间，爸爸又几次让她来跟大伯要债。即使她不带有爸爸的使命，她也觉得自己是个逼债的——向失败了的、沉默寡言的父子俩逼债。

她见到槐子，最使她无地自容的就是他提出还要去寻找那座城。

今天，她确实是来要债的。

一大早，爸爸就骂她："把你养了这么大，连个债都要不回。今天你至少得听到你大伯一个回话，不然你就别进家门！"

大伯用一双黯淡无神的目光迎接了她。

"大伯……"她觉得又有什么灾难曾在这里停留过。

大伯叹息了一声："你大伯总是不走运。"他指了指水面。

秀鹊跑到水边，眼前的情景是凄惨的：

阴沉沉的水面上，浮着一片死鸭，它们耷拉着翅膀，脑袋垂挂在水里，像一团团烂草根儿。还有几只正在垂死挣扎，它们企图将脑袋抬起来，可是终于又垂挂了下去。在沿岸的冰碴上，虽有几只还能可怜巴巴地叫唤，却也无力站起来行走了。

"我本以为夏天会瘟鸭，没想冬天也会瘟鸭。"大伯说。

小船停在死鸭中央。

槐子坐在小船上一声不响。

这群鸭子几乎是大伯和槐子唯一的希望了。种蘑菇失败后，大伯日夜操心的就是这群鸭子。现在，随着一场鸭瘟，这希望便也永远地破灭了。

秀鹊再看大伯，觉得他老了：头发几乎脱落尽了，只有稀疏几根，在寒风里硬硬地竖着；松弛的面部，使脸变得瘦长；颧骨高高地隆起，形成两片阴影；眼睛里透出的是无可奈何的神色。当大伯说话时，秀鹊越发感觉到了一种令人心酸的衰老。

"我的命注定了，这一辈子大概只能在水上漂。"

大伯说这句话时，是苍凉的、伤感的，同时也是平静的、实在的。

秀鹊想宽慰大伯，但她小，没有这份力量。

"你是来找槐子的？"

"不……是……是找槐子哥的。"

"槐子，秀鹊来啦。"

槐子居然没有听见。他有点儿发木。

"该给你爸一千块钱啦，欠了有日头啦。"

秀鹊望着大伯："大伯，爸爸说，你们只要发了财，他比什么都高兴。"

"发财？发财……"大伯苦笑着。

秀鹊又看了一眼槐子，慢慢地离去。当她走上大堤时，她停住，转过身来对大伯说："我爸说，你再提钱的事，就等于骂他呢！"说完，跑下大堤。

她没有立即回家，在田野上溜达着。

天空飘起雪花，并且越飘越大。

秀鹊还是在田野上走，直到头上、肩上积了厚厚一层雪，她才往家走。

"你大伯怎么说？"爸爸装得不太在意地问。

她"哇"的一声大哭起来。

"你哭什么？"

她哭得更响，并且哆嗦着身体。

"你怎么啦？"

"钱……一千块钱……被我丢啦！"她用恐惧的眼睛望着爸爸。

"什么？"

"钱丢在路上啦，我找了半天也没找着。"

爸爸一巴掌打在她的脸上。

她觉得鼻子一阵刺痛，随即感到有两小股热流从鼻孔中涌出：血！

她走出家门，止不住的血一滴一滴地落在雪地上。

晶莹的雪花在空中飞舞，落在她的额头上，使她感到一种舒适的清凉。她两眼汪满泪水，望着这个素白的世界，任鼻血去流淌。

血滴在白雪上，立即开成一朵朵殷红鲜艳的血花。随着她的走动，这血花就一路在雪上一朵朵温暖地开放着……

七

初春，空气虽然仍使人觉得凉丝丝的，但周围的一切告诉人们，一个新的季节还是来了：天空消失了那似乎永恒的阴霾，而变得清朗；冻僵的泥土开始变得松软，有了弹性；寒风里；柳树枝头已绽出毛茸茸的新芽。

这本是一个容易使人产生希望的季节。

但秀鹊却在一个晴朗的天气里看到使她日后可能永远要被忧伤之情缠绕的情景。

那只大船，连同大伯和槐子，都消失了。

水边的木屋，已有了新主人。

秀鹊似乎并没有感到多大的震惊，只是站在河边上，朝水上眺望。她甚至没有在心里产生强烈的伤感。

放鸭的李大爷撑着小船过来，从怀里掏出一只布包："秀鹊，这是你大伯留下的一千块钱，说是还给你爸的。他说他负了你爸一片好愿望，拿了一千块钱，终了连个利息都没有，实在不好意思去见你爸。"

秀鹊拿过布包，但眼睛却始终望着水。

李大爷撑着小船远去，忽然想起一件事来，转身道："你槐子哥留下一句话，若找不到那座城，他也就不再回来了。"

秀鹊依然望着水——

没有鸟，没有帆，就是一片一望无际的茫茫大水……

1989 年 10 月于北京大学 21 楼 106 室

板门神

"板门神"是陈三的外号。我们老家的门，都为两扇，门板很高。因陈三个头十分高大，一副威风凛凛的样子，因此地方上的人都叫他"板门神"。

这人早死了。

我的印象中有他时，我大概也就七八岁。他家住东头的三王庄。去西头小镇上割肉或抱只老母鸡去集上卖，他总要从我家门前的田埂上过。那田野很空旷，田埂垫得又很高，在远处几株矮小的苦楝树映衬下，那高大的形象就很生动，勾得我总是站在家门口久久地注视着他。

他从不与人说话，总是那么沉默地独自一人走他的路。我甚至没有听到他咳嗽过一声。在我的记忆里，他只是一个巨大的无声的身影。

他的衰老很突然。在我十岁时，有一段时间，我没有再看到他从田埂上走过。母亲说："有好些日子没见着板门神了。"口气里有些遗憾，仿佛他从田埂上那么默默地走，是一道风景。

我再见到他时，他已经驼背了，并且是一下子就驼得那么厉害，几乎成了九十五度的弯曲。上身向前令人担忧地倾斜着，样子很像吃草的老牛。

我父亲在当地号称"小说家"，非常善于叙事，言谈之中就有了一串关于板门神的故事。这些故事我至今还一一记得。

据说，老天曾有某种预示，这一带日后将要出个皇帝，而这位板门神则是皇帝的一员大将。可是后来这件好事被一个二流子一泡尿给破了。皇帝不会再出，于是，陈三也就只能永在这穷乡僻壤待着，只能给人家打打短工混口饭吃了。

陈三长到十六岁时，体格已经异常高大，很有一把力气了。然而他天性懒散，嘴馋好吃，吃得很多，却不肯干活。他很爱睡觉，睡的地方也很不讲究，或大树下，或草垛旁，或田埂上，或麦地里。有人看到他将腰搁在旋转的风车杠上，头与脚皆悬挂着，还晃晃悠悠地睡到日落西山。醒着的时候，他不是找吃的，就是到处游荡，或者与那些可以从他胯下自由地钻来钻去的小孩们玩耍，样子很不相称，让人看了发笑。

他的父亲终于看不下去了："吃饱了等天黑的东西！你也不小了，不能整天吃吃耍耍，耍耍睡睡，痴长那么个大个。明天，给我下地拉犁去！"

陈三并未顶撞父亲，点头答应了。

这地方多水地，沤一冬天，来年开春犁一遍，然后耙平插秧。泥很烂、很深，一张犁（这地方，犁的量词是"张"）需由四人拉，一人扶犁梢。拉犁的一般都得选身强力壮的。扶犁的似乎不用太大的力气，但这是一份儿功夫活，犁深犁浅，犁直犁弯，全在他扶着犁梢时的一摇一晃之中，因此，一般都由一个多年种田的人去做。常是几张犁分别在几块地里同时进行。此时，大家就得摽着劲地去做这份儿活：四个汉子，身体微侧着前倾，脑袋向下死死勾着，像四条牛，犁绳绷得结结实实，仿佛随时都能咔嚓一声断裂；那犁就像有了强健的生命，在水中勇往直前；一条条粗壮的闪动着的腿加上这张犁在水中的前行，把春天寂寞的水地搞出一片哗哗水声，从而造出一份让人心欢的喧闹。

小时候，我很喜欢坐在田埂上，痴呆呆地看这种情景。

陈三有两个哥哥。原先，陈家拉犁，或是从亲戚家请来一个汉子，或是从旁人家借来一个汉子，再加上陈三的两个也都有一把力气的哥哥，由陈三的父亲扶犁，来完成一个组合。而陈三来到田边时说，他不要那个从舅舅家请来的表哥，两个哥哥也不全要，要其中一个："够了。"

父亲瞪了他一眼："逞能！"

来回拉了两趟，陈三嫌哥哥走得慢，嘴里就嘟嘟囔囔的不快活。又拉了两趟，他一脚将哥哥的脚后跟踩疼了，哥哥恼了，就转身瞪了他一眼。他觉得从一开始这活就做得不爽、不痛快，心里正不快，见哥哥朝他瞪眼，挥起一拳就把哥哥打倒在水中："走开去！"

哥哥从水里抓了两把烂泥，本想还击一下的，见陈三脸上分明写着"你敢"，就双手一松，把烂泥重新放回水里，洗了洗手走上了田埂。

拉了小半块地后，父亲招呼陈三："你停下吧，停下吧。"

他就停下了。

父亲喘着气，指了指田埂："你走吧，去耍吧。你不是犁地，你是要你老子的命！"

陈三又不干活了，家里没人敢要他干活。

他二十岁时，分了家，没有人再养活他了。他必须去干活。

三王庄的一个大户人家立风车，念他个大，便请他去做小工。吃午饭了，主人摆了一桌酒席招呼八个木匠进屋去，就没有叫他。他坐在地头上，望着五月天空的好太阳，心里却阴阴的不爽："老子没有比他们少花力气！"他看看四下无人，把刚做好的风车大转盘从河东扛到了河西，然后拍拍手上的灰尘走了。

这边木匠们吃完一桌好饭菜，一边用草棍剔着牙，一边与主人说着话来到地头，发现大转盘不见了，就互相望望说"大转盘怎不见了"，四处去找。他们终于在河西的水塘里找到了。那大转盘是木头做的，很重，得几个人才抬得起。现在又浸了水，极沉。木匠们当然是不会放下架子来抬这东西的。主人没法，只好请来几个人，吃了一顿糯米粥，把这东西又抬了回来。

人都说陈三这人很耿直。

有一回，他走三十几里路，到盐城市里去办事，办完事就在大街上闲走。地方上有句话：乡下人上街，不是吃饼就是发呆。炉里烙出的饼，他并没有吃，因为他穷，没有钱让他这样奢侈一下。但发呆是不用花钱的。所谓发呆，就是毫无目的地看，看那些与己无关的景观，并且是不计时间。也可以说什么都没看，就只剩一副乡下人才有的带了几分呆滞，又带了几分不知如何应付现实的目光。陈三在登瀛桥（盐城的一座老桥）东的一爿布店门口已发呆有一阵了。他看到一个与他一样不精明的乡下人犹犹豫豫地站在柜台前想买布。他想看个究竟：他到底是买还是不买？

店主决心要把这笔生意做成，用手推开店小二，走过来："你想买布？"

乡下人依然犹豫着，仿佛要等个人来替他拿主意。

过去买布论捆。店主故意拿了三捆布放在柜台上，却说："把这两捆布买下吧。"

乡下人一见两捆布下面还压了一捆，心里暗暗欢喜，吞吞吐吐地说"好，我买"，连忙交了两捆布的钱，抱了那三捆布就要走。店主却将他的手按住："慢，我帮你用绳子捆一捆。"捆着时就来一个惊诧，"咦，怎么是三捆？多拿了。"说着，就把底下那一捆布抽出来，又扔回到货架上。

乡下人无话可说，怏怏地准备走。

陈三认定店主是欺乡下人老实好耍，就不再发呆，山一样压过去，把门口的光差不多都遮住了，把店主遮在了阴影里："这布，我看不够分量。"

店主仰头看了他一眼，道："你量好了。"

论捆卖，不相信分量便可量，但并不用尺量，而是伸开双臂来量，一捆量十趟。

"你别急着走，我帮你量一量。"陈三对那个乡下人说。

当时是冬天，他的两只胳臂一直笼在袖子里，现在一拔出来，再一舒展，让店主吃了一惊。

"一趟两趟……"量下来的结果是，每捆布少两趟。

店主老大的不乐意，但只将刚才那一捆扔进货架上的布又拿下来，搁在那乡下人的手上，说："我多送你一捆。"

乡下人乐了。

陈三不走，对店主道："掌柜的，我也要买。"

"多少？"

"量了再说。"

店主瞧他力大无比的样子，知道今天不是个好日子，一句话不说，把布捆搬了上来。

陈三量了一捆又一捆，越量动作越洒脱。等量完十捆布时，店主弯腰一脸苦笑："这位乡下大爷，先停一下，进里头喝点儿茶。"

陈三就停住了，朝店主憨厚地笑了笑："我哪儿有钱买布。"说完，转身出了布店。

那店主追出来在他身后喊："喝杯茶再走。"

因为力大，性又刚直，陈三从未向人低过头。三王庄小学搞校庆，搭了个彩门。这彩门的高度是照一般人的高度算的，没考虑到陈三每天下地干活都要从学校里穿过，要从这道门里走。陈三得弯腰低头才好通过，于是心中大不悦。通过彩门时，他停了停，身子一直，肩一耸，就把彩门给搞翻了。

陈三力大，但又无处不见陈三的机智。就在他把彩门搞翻的几天后，他父亲死了。于是，就有人开他的玩笑："你这回总该跪下了吧？总该低头了吧？"他说："我们家不比你们家。我们家只有一个老子，不能不伤心。"

陈三的前一二十年过得还算自在，但后一二十年过得不算好。他娶了一个不能下地干活的妻子，日子过得很窘迫。但陈三不改乐观本性，把苦涩的日子一天一天很诙谐地打发着。这地方上的老老少少是都喜欢看到这个裤管袖管都短得出奇（那时的布匹凭布票供应，但发布票时，是并不考虑人的身高的）的陈三出现在他们的面前和他们的谈话中的。

他共有六个孩子。三年困难时期时，饿死三个。后来，又是一场横扫乡里的瘟疫，又死掉了两个。只给他留下一个小女儿。到了此时，陈三就有了老样，话慢慢变少了，人也不太喜欢走动了，除了仍然下地干活，就在家里待着带那个唯一的小女儿。

不久，妻子又去了。

陈三就只剩下那个小女儿了。他不管走到哪儿，总要把小女儿带上。小女儿很瘦小，伏在他背上时，就显得更瘦小，但小女儿异常的乖巧。此时的陈三已不太愿与别人搭话了，但，他愿与小女儿说话，烧饭时跟她说，到菜园浇水时跟她说，给鸡喂食时跟她说，走在路上时，也是不停地跟她说。小女儿一步也离不开他，一见他没影了，马上就哭。他一听见这哭声，就会连忙跑回来抱起她，用大手给她揩去眼泪，然后说："我哪儿也没去，你哭什么呢？"

大约是在我读小学六年级时，那年的春天非常暖和，只几天的工夫，春风就吹得绿柳缕缕，黄花满地。就在这样一个蛮好的季节里，陈三的小女儿又生病了。那天，陈三背着小女儿到了地头，照例将她放在田埂上，让她自己去玩耍，他下地干活去了。往常，小女儿就会在田埂上走来走去，或去追一只蜻蜓或蹲下来去采草丛里的花，是很快乐的。但今天发蔫，坐在田埂上竟不动弹。临近中午时，陈三朝田埂上望，见小女儿竟然在田埂上躺下了。他便丢下工具来看小女儿。他叫她，没有回答，伸手一摸她的额头，觉得她有点儿发热，但也不是热得很厉害。他想回到地里再去干活，又有点儿不放心，便向地里干活的人说："丫头怕是生病了，我带她去医院。"地里的人说："那你就快去吧。"他抱起小女儿，一气儿走到镇上医院。医生扒开小姑娘的眼睛看了看，又转动转动她似乎有点儿发僵的脖颈，一通检查之后，告诉陈三："怕是得的脑膜炎。"陈三一听，双腿就软了，因为他以前得病死掉的两个孩子就是死在脑膜炎上，他心里很清楚这病的厉害。他抓住医生的手："你得救救她，救救她！求求你，求求你。"眼睛直勾勾地朝病床上似乎睡着了的小女儿看。

挂了一夜的吊瓶，陈三也眼不眨地守了一夜。第二天早上看，小女儿的脸色已经苍白如纸了，两只小手紧攥成拳头，双目紧闭，任怎么叫她，她也没什么反应。

医生说："得送到县城医院去才有救。"

陈三对小女儿说："我马上就来，我马上就来。"一边看着她，一边走出门去。

他要向人家借钱。到县城医院去，得花一大笔钱。他到处借，然而，他所认识的人都穷，怎么也凑不足钱。

有人说："找刘书记，让大队里解决几个钱。"

陈三就去找刘书记。

刘书记态度颇冷淡。刘书记一直对陈三不快活。十多年前，刘要做书记时，陈三说了一句很蔑视人的话："十三张牛屎饼子高，也能当书记。"刘书记是个矬子，陈三从来就没有将他当碗菜看。话传到刘书记耳朵里，就被牢牢记住了。

陈三讨了没趣，得了一句"大队里没有钱"，掉头就走了。

回到医院一看，小女儿嘴唇已经发紫，摸摸她的手，觉得凉丝丝的，陈三要哭了。看的人就催他："还不快去想想办法。"小女儿好一副乖样子，乖得一只猫儿似的静静地躺在那儿。陈三用手摸她的脸蛋，叫她的名字，但小女儿就是不肯应他。

医生又说："得赶快往城里送。"

陈三出了医院，大步直走，走到刘书记家门口时，双腿瑟瑟地抖。他低头走进屋去，看见刘书记正盘腿坐在椅子上抽烟，扑通一声跪下了："救救我的孩子。"

刘书记大吃一惊，指着他："你……你怎么能跪下？"

陈三低垂着头，口中讷讷："救救我的孩子……"

刘书记连忙走进里屋，拿出三十块钱来塞在他手里："快送孩子进城。"

小女儿三天后醒来了，但从此失去了从前充满灵性的目光，总是呆呆地看人，看他，看风中摇曳的树或啄食的鸡，并且不再说话。

我上初中二年级时，一天放学回到家中，母亲正和邻居们说话，就听见说："陈三死了。"

陈三是跌在一个大缺口里死掉的。那个缺口很宽很深。原先上面有一块板，但被人偷走了。陈三大概想跳过去——在从前，对他来说，只要稍微用点儿劲，一跨就能跨过去的。但他忘了，他老了。

第二天，我随母亲去看他，从此就永远记住了他最后的样子：他被平摆在一块门板上，那门板没有他的身体长，他的双腿就有一截伸在了门板的外边。

鸭奶奶

奶奶是老得到时候了，还是劳累过度？她一口气没喘上来，手往床边一垂，丢下大鸭和小鸭两个孙儿，死了。

村里的大人们都这么说："鸭他奶奶走了。"

其实，奶奶还没走呢，她躺在两张板凳搁起的一扇门板上。她穿着几个老奶奶帮她换上的新衣、新袜、新鞋，把头静静地枕在一只新做的软软的枕头上。

大鸭和小鸭已哭得不能再哭了，只是紧紧地挨在一起，呆呆地站着，远远地望着奶奶。

他们脸上各自挂着两道莹莹的泪水。

天已很晚了，忙累了的大人们将要回家去，在一旁议论："也没有个亲人为她守夜。"

"有大鸭和小鸭。"

"别累着两个孩子。再说，孩子胆小，还不一定敢呢。"

"可怜，她就只能自己一个人待着了……"村东头的二奶奶说着，撩起衣角，拭了拭泪。

大鸭和小鸭，慢慢走向奶奶，然后一声不吭地坐到了挨着奶奶的椅子上。他们是奶奶的孙子，当然要给奶奶守夜。

屋里的人都默默地盯着他们。

"别怕，是自己的奶奶。"村里头年纪最大的胡子爷爷，拍拍大鸭和小鸭的头，叮咛了几句，眨了眨倒了睫毛的眼睛，拄着拐棍，跌跌撞撞地走了。其他人也跟着他，慢慢走出屋子。

大鸭和小鸭并不明白，为什么人死了要有亲人守夜。他们只知道自己应当和奶奶待在一起，绝不能让奶奶孤单单地一个人躺在茅屋里。奶奶不能没有他们两个孙儿，他们也不能没有奶奶。

奶奶真有福气，有两个孙儿守着她。

两支蜡烛在烛台上跳着金红色的火苗。奶奶的头发闪着亮光，脸上也好像闪动着光彩，像是因为有两个孙儿给她守夜，而感到心满意足。

可是，她那对没有完全舒展开的眉毛，又好像在责怪自己："我走得太急了，该把两个孙儿再往前领一段路啊！"

大鸭十二岁，小鸭才八岁。他们没有爸爸（爸爸生病死了），也没有妈妈（妈妈改嫁到很远的地方后就再也没有回来过）。奶奶不能走，奶奶不放心两个孙儿，可她还是走了，由不得她。

蜡烛一滴一滴地淌着烛泪。

小鸭伏在大鸭哥哥的肩上。兄弟俩一动不动地坐着，望着奶奶的脸。他们不困，也不知道困。奶奶活着的时候，他们总是很困，捏着钢笔写字，写着写着就打瞌睡了。奶奶一边说着"瞌睡金，瞌睡银，瞌睡来了不留情；瞌睡神，瞌睡神，瞌睡来了不由人"，一边把他们拉到铺边去。他们迷迷糊糊地爬到小铺上。奶奶给他们脱掉鞋子、衣服，给他们盖上被子，嘴里还不停地念叨着："瞌睡金，瞌睡银……"

今后，他们夜里困了，还有谁再抓着他们的胳膊把他们拉到铺边去呢？

小鸭和大鸭没有哭，可是心里在哭。

夜深了，四周静得像潭水。远处田野上，有一只野鸡喔喔喔地叫起来，叫了一阵，觉得叫的不是时候，小声叫了两下，困了，不叫了。起风了，屋后池塘边的芦苇发出沙沙声。有鱼跳水，发出咚的水响。风从窗户吹进屋里，烛光跳起来，摇起来。

小鸭突然害怕了，双手紧紧抱着大鸭的胳膊。大鸭到底是哥哥，没有小鸭那样怕。他把小鸭拉到怀里，互相依偎着。当大鸭突然想到奶奶确实已经死了时，也不由得害怕了。

奶奶在世的时候，教给他们很多很多歌谣。夏天在河边乘凉，奶奶一边用芭蕉扇给他们赶蚊子、扇风，一边唱。冬天天冷，他们一吃完晚饭就钻被窝。墙壁上挂盏小油灯。他们睡不着，钻进奶奶的胳肢窝里。奶奶一边用躯体温暖着他们两个宝贝儿，一边唱。他们很多时候，是在奶奶的歌谣所带给他们的欢乐中度过的。

奶奶走了，却留给他们多少有趣的歌谣啊！

大鸭搂着哆嗦的小鸭，轻轻地唱："石榴树，结樱桃，杨柳树，结辣椒，吹的鼓，打的号，抬的大车拉的轿，木头沉了底，石头水上漂，小鸡叼老鹰，老鼠捉了大猫咪。"

小鸭望了哥哥一眼："金轱辘棒，金轱辘棒，爷爷打板奶奶唱，一唱唱到大天亮，养活了孩子没处放，一放放到锅台上，嗞儿嗞儿喝米汤。"

兄弟俩交替着唱，唱着唱着，两人抱在一起睡着了。

蜡烛快点完了，火苗儿小得像豆粒儿。

春天的夜里挺凉的，大鸭醒了，连忙推了推小鸭："坐好。"

小鸭用手背揉着眼睛，嘴里含糊不清地叫奶奶。

大鸭遵照胡子爷爷的嘱咐，点上两支新蜡烛，插到烛台上。

离天亮越来越近，跟奶奶在一起的时间越来越短。太阳出来时，村里的人就要送奶奶走了。

兄弟俩再也睡不着了，依然依偎着坐着，静静地望着奶奶满是皱纹的脸……

奶奶真苦，自己那么大年纪了，还要拉扯两个孙儿。奶奶喜欢他们，疼他们。为了他们，奶奶什么苦都能吃。门前有一块菜园，奶奶从早到晚侍弄它，栽瓜种菜。夏天太阳晒死人，奶奶头上顶块湿毛巾，坐在小凳上拔豆草，汗珠扑簌扑簌往下滚。大南瓜，紫茄子，水灵灵的白萝卜，灯笼儿似的青椒，一串串扁豆荚像鞭炮，丝瓜足有两尺长。奶奶拄着拐棍儿，挪动着小脚，把它们一篮一篮地捎到小镇上，卖了，把钱一分一分地朝怀中的小口袋里攒，给大鸭和小鸭买衣服，买书包、铅笔。奶奶觉得不能委屈了大鸭和小鸭。

奶奶心里就只有这两个孙儿。

冬天下大雪。路上滑，奶奶怕放学的大鸭和小鸭摔跟头，就拄着拐棍儿，朝学校摸，一路上跌倒好几次。摸到学校，她就站在屋檐下，等啊，等啊。大鸭和小鸭放学见到奶奶，她头上、身上已落了一层雪。他们一人拉着奶奶一只手往家走。小兄弟俩的眼泪在眼眶里直打转……

夜越来越静，除了风哨声，没有一丝声响。

大鸭望着小鸭，用眼睛问他："弟弟，在想什么？"

小鸭鼻头一酸，滚下两串泪珠儿。大鸭搂着弟弟，泪珠儿一滴一滴地落在弟弟的头发上。

风呜呜地响，屋后池塘里的水，撞着岸边，发出豁啷啷的声音。

不哭吧，哭声也留不住奶奶。

天很凉。他们守着死去的奶奶，再也没有一丝害怕。大鸭从床上抱来一床薄被，轻轻盖到奶奶身上。兄弟俩一起用温暖的小手，抓着奶奶那只早已变凉了的粗糙的大手。

还能为奶奶做些什么呢？

奶奶活着的时候，他们帮奶奶做的事实在太少太少，还淘气得没边儿，净让奶奶操心。夏天，村里的孩子们，都光着屁股到村前的小河里洗澡，乱扑腾，满河溅着水花。

兄弟俩禁不住诱惑，忘记了奶奶的告诫，一扒小裤衩儿，下河了。奶奶知道了，连忙赶到河边。他们见了，赶忙爬上岸，穿上一裤衩儿。奶奶挥起拐棍儿，在他们屁股上结结实实地各打了三下。奶奶打完了，一边揉着他们的屁股，一边说"揉哇揉，不长瘤"，又一边落泪。

兄弟俩现在心里真懊悔：不该惹奶奶生气、伤心，不该只顾贪玩，不帮奶奶多干些活儿。懊悔又有什么用呢？天一亮，奶奶就走了，永远地走了。

大鸭突然想起，去年村西头五奶奶死后躺在门板上，到晚上，儿孙们跟着一个从外村请来的会唱歌的老头，绕着五奶奶转。还有人敲着小鼓和铜钹儿。那老头闭着眼睛哼唱着，声音忽高忽低。他手里托着一个盘子，盘子里是些五颜六色的碎纸片儿。他不时地抓一把抛到空中，然后碎纸片儿纷纷落到五奶奶身上。大鸭和小鸭问奶奶这是做什么。奶奶告诉他们，这是在给五奶奶送行呢，她要到一个好地方去，那里长着很多花，五奶奶累了，去享福了。

大鸭和小鸭也要给奶奶举行一次送别仪式。

兄弟俩找到几张五颜六色的纸，用剪子剪成一盘碎纸片儿。大鸭从抽屉里找出兄弟俩都爱吹的芦笛。那是大鸭做的，大拇指粗，一尺长，上面有小眼儿，一头装着一个跟安在唢呐上的哨子差不多大的哨儿。大鸭把芦笛交给小鸭："吹吧。"

"奶奶能听见吗？"

"能。"大鸭点点头，托着盘子，绕着奶奶走起来。

小鸭吹着芦笛。笛声低低的，哀哀的，像在跟奶奶说话呢。

大鸭唱着。唱的什么，他一点也不明白，只是这么唱着，把花纸片儿抛到空中。纸片儿飘忽着，轻轻地落在奶奶身上。

眼泪从他们的眼角流到嘴角。

凄婉的芦笛声在春天的夜空中慢慢传开，全村人都醒了。

想到是把奶奶送到一个好地方，两个孩子心里又陡然快乐起来。小鸭站起来，用劲吹着芦笛，音调变化仍然很少，却很欢快了。大鸭也稍稍把歌声放大，把花纸片儿抛得更高。

奶奶为了拉扯他们，太累了，该享福了。

天上嵌满亮晶晶的星星，月亮很亮，像只擦洗过的大银盘。远处林子里，鸟儿已开始扇动翅膀，张着嘴巴，准备迎接黎明。挂着露珠儿的桃花和麦苗儿散发着好闻的清香。

奶奶身上落满了花纸。不，是花瓣儿。

兄弟俩没劲了，歌声低了，芦笛声弱了。到后来，他们不抛也不唱了，又互相依偎在一起。兄弟俩心里并不全都是悲伤。

他们静静地睡着了。奶奶也好像是睡着了。蜡烛流完最后一滴烛泪，火苗儿跳动了一下，无声无息地熄灭了……

山羊不吃天堂草①

贫困像冬日的寒雾一样，一直笼罩着小豆村。

小豆村无精打采地立在天底下。有一条大河从它身边流过。那水很清很清，但一年四季，那河总是寂寞的样子。它流着，不停地流着，仿佛千百年前就是这样流着的，而且千百年以后还可能这样流着。小豆村的日子，就像这空空如也的水，清而贫。无论是春天还是秋日，小豆村总是那样呈现在苍黄的天底下或呈现在灿烂的阳光里：稀稀拉拉一些低矮的茅屋散落在河边上，几头猪在河边菜园里拱着泥土，几只羊拴在村后的树上啃着杂草，一两条很瘦很瘦的狗在村子里来回走着，草垛上或许会有一只秃尾巴的公鸡立着，向那些刨食的脏兮兮的母鸡显示自己的雄风，几条破漏的半沉半浮的木船拴在河边的歪脖树上……小豆村毫无光彩。

明子对小豆村有许多记忆。比如对路的记忆——

村前有条路。这是小豆村通向世界的唯一途径。这是一条丑陋的路。它狭窄而弯曲，路两旁没有一棵树。说它是田埂更准确一点。一下雨，这条路就会立即变得泥泞不堪。

---

① 选自长篇小说《山羊不吃天堂草》。

那泥土极有黏性，像胶糖一样。如是穿鞋，就会把鞋粘住。因此，除了冬季，其他季节里碰到下雨，人们都把鞋脱了，光着脚板来走这条路。人们在这条路上滑着，把表层的烂泥踩踏得很熟，不带一点疙瘩。那泥土里，总免不了含一些瓦砾和玻璃碎片，人们总有被划破脚的机会。因此，黑黑的泥土里，常常见到一些血滴。雨一停，风一吹，太阳一晒，这条路便很快干硬起来。于是，直到下一次大雨来临之前，这条路就一直坑坑洼洼的。那坑坑洼洼仿佛是永远的。晚间走路，常常扭了脚，或被绊倒，摔到路边的地里去。

比如对炊烟的记忆——

村里家家都有一个土灶。烟囱从房顶上冒出去，样子很古怪。这些灶与房子一起落成，都是一些老灶。一天三顿的烧煮，使烟囱严重堵塞。每逢生火做饭，烟不能畅通地从烟囱冒出，被憋在灶膛里，然后流动到屋子里，从门里，从窗子里流出。阴天时，柴火潮湿，烟更浓，把屋里弄得雾蒙蒙的。那房顶是用芦苇盖的，天长日久，不及以前那么严密，有了许多漏隙，那烟便直接从屋顶上散发出去。远远地看，仿佛那房子是冬天里一个人长跑后摘掉了帽子，满头在散发热气。灶膛里的火都停了半天了，但房顶上的热气还要散发好一阵。屋子里，总有一股永恒的烟熏气味。

再比如对水码头的回忆——

小豆村没有一户人家有一个像样的水码头。由于贫困，这里的一切都是将就着的。水码头自然也就将就了。他们用锹挖了几道坎，通到水边去。一下雨，或者一涨水，那坎就松软了，并成斜坡，到河边提水洗菜，就变得很困难。一桶水从水边提到岸上，要十分小心，一脚一脚的都要踩稳了，注意力不能有一点分散。即使如此，一桶水真的提到岸上时，也因为免不了的歪斜和趔趄，而只剩半桶了。常常看到这样的情景：一个小姑娘滑倒了，一边用双手抓住小树或一撮草根不让自己滑溜下去，一边用眼睛惊恐地看着滚到河里的水桶在朝河心飘去；一个男孩终于没有停止往下滑，连人带菜篮子跌到了水里……

正如紫薇的爸爸所说，小豆村那儿的人挺可怜。

明子很小时就作为一份力量，加入了抵御穷困的行列。六岁时，他就开始背着用草绳结的大网包去田埂和河岸边挖猪草，天很黑了才回家。秋天收庄稼，稻把要用船运到打谷场。在将稻把从船上往打谷场上扔时，免不了要掉许多稻粒到水里。明子就抓一只特制的簸箕潜到水底，然后用双手连泥带稻粒划拉到簸箕里，再冒出水面。那样子很像鸭子在水边用嘴掏食。那时，明子才十岁。长到十一二岁时，家里更把他看成一份力量了。春节来临时，许多种荸荠的人家要从水田里把荸荠刨出来过年。明子就和许多大小差不多的孩子站在田埂上等着，主人只要说声"不要了"，他们就会"嗷嗷"叫着，纷纷跳进水田里。明子提着一只竹篮，把裤管卷得高高的，用两只脚在泥里很快地踩着，寻觅着主人刨剩下的荸荠。十只脚指头极敏感，能在淤泥里极快地感应到荸荠，并能灵巧地将其夹住提出淤泥。踩不多一会儿，腿和脚就会被冻得生疼，像无数的针刺戳着。实在坚持不住时，就爬上田埂，猛烈地跳一阵，跳热了身子再下去。如果觉得荸荠多，能踩到一轮寒月挂到天上……

饥饿使人变得很馋。明子就特别馋。春天下雨时，明子仰起脸来，伸出舌头，去接住几滴雨珠来尝一尝。夏天，他常在河边上转悠，把那些玉样的小虾捉住放在嘴里有滋有味地嚼着。秋天，他划船到芦苇滩上去，找出一窝一窝野鸭蛋来煮了吃。冬天里能吃的东西极少，他只能等到天黑，然后用电筒去人家檐下寻找钻在窝里的麻雀。一旦找到，就将电筒熄灭，然后在黑暗里伸出手去，将麻雀突然捉住。捉住四五只，他就会迫不及待地跑回家，让妈妈将它们用油炸了。

贫困使小豆村的人的脸色变得毫无光泽，并且失去应有的生动。人们的嘴唇不是发白就是发乌，很难见到那种鲜活红润的嘴唇。生活的重压和营养不良，使人的骨架不能充分地长开，偶尔有长开的，但终因没有足够的养料和休息，而仅仅剩了一副骨架，反而更见瘦弱和无力。人上了五十岁，就开始收缩身体。到了寒冬，便收缩得更厉害。这里的人脸相远远超出了实际年龄，而那些粗糙、短促和僵硬的手，更是把人的年龄加大了。一些人显示了麻木，一些人则整天忧心忡忡，还有一些人则整天满腹心思的样子。但眼神是一致的：淡漠和忧郁。

小豆村的人不大被人瞧得起。离村子500米，铺了一条公路，并通了汽车。那汽车站一路撒过去，但就没有小豆村一站。

小豆村的人有一种压抑。这压抑从老人的心里传到了孩子的心里。他们在心里积压着一种对这个世界的怨恨。他们对自己的处境虽然看上去已无动于衷，但心底深处却埋藏着不安和不服。他们在一天的许多辰光，都会突然想到要推翻这个现实。他们的这一意识并不明确，但没有消亡。总有一天，他们要挣脱出这个困境。

后来，终于有了机会。小豆村的人从小豆村以外的世界感受到，现在他们可以照自己的思路去做事了。这个世界允许甚至鼓励他们按自己的心思去做事。压抑愈久，渴望愈大，做起来就愈有狠劲。没过几年，小豆村就有一些人家脱颖而出，一跃变成了富人。除了川子以外，还有好几户。有人家是靠一条小木船运输，仅仅三年，就发展成有三条都在二十吨以上的大运输船的小型船队。有人家是靠一座砖瓦窑而甩掉了穷样……一家看一家，互相看不过，互相比着。死气沉沉的小豆村变得雄心勃勃，充满紧张。

只有明子家依然毫无生气。于是，这个家便感到了一种压力。

明子有了一种羞愧感，并与一些玩得不分彼此的朋友生疏起来。他常常独自一人坐到河堤上去，望一只过路的船或望几只游鸭出神。有时他回过头来望有了生气的小豆村：从前的小豆村在一日一日地改换着面孔。灰秃秃的小豆村在变得明亮起来，草垛顶上的公鸡在阳光下闪着迷人的紫金色，连那些狗的毛色都变得光滑起来了。每逢这时，明子的目光总是不肯去看自家那幢低矮歪斜的茅屋。

明子与家里的人的关系都变得淡漠起来。

父亲的心情变得格外沉重。

终于有一天，父亲把全家人叫到一起，说："我们家养一群羊吧。"

家里人都沉默着。

父亲说："常有外地人用船装羊到这一带来卖，你们都看到了。那些羊与我们这儿的羊，种不一样，是山羊，一种特殊品种的山羊。听人说，如今外面市场上到处都要山羊皮。山羊皮比绵羊皮贵多了。这些天，我每天坐到河边上去等这些船。我与船家打听过多回了。一只小羊二十元钱，春天养到冬天，一只羊就能卖五十或六十块钱。如果养一百只羊，就能赚三四千块钱。我们这儿什么也没有，但到处有草。养羊，只需掏个本钱。把家里的东西卖一些。虽然不值钱，但总能卖出一些钱来的。然后再跟人家借。人家总肯借的。"

父亲把计划和精心计算和盘托出后，全家人都很兴奋和激动。

当天晚上，父亲就出去跟人家借钱了。

第二天，全家人就开始在一块菜园上围羊栏。打桩、编篱笆、盖棚子……全家人带着无限的希望，起早摸黑，不知疲倦地劳动着。

一切准备就绪，明子和父亲就天天守在河边上，等那些卖山羊的船。

这天中午，明天终于见到了一只卖山羊的船，站在大堤上，向家里人喊："卖山羊的船来了！"

全家人闻声，放下饭碗都跑到河边上。

一叶白帆鼓动着一只大船朝这边行驶过来。这只大船装了满满一舱山羊，远远就听见它们咩咩的叫唤声。那声音嫩得让人爱怜。

明子迎上前去，朝大船的主人叫道："我们要买羊！"

白帆"咯嗒咯嗒"落下了，掌舵的一扳舵，大船便朝岸边靠拢过来。

那山羊真白，在船舱里攒动，像是轻轻翻动着雪白的浪花。

父亲问船主："多少钱一只？"

船主答道："二十二块钱一只。"

父亲说："太贵了。前些天，从这儿过去好几只船，都只卖十八块钱一只。"

"多少？"船主问。

"十八块钱一只。"父亲说。

船主说："这不可能。"

明子一家人纷纷证明："就是十八块钱一只。"其实，谁也没有见到只卖十八块一只的卖山羊船。

船主问："那你们为什么不买呢？"

父亲说："当时钱没凑够。"

"买多少只？"船主问。

父亲用很平静的口气答道："一百只。"

这个数字使船主情不自禁地震动了一下。他想了想说："如果说前头你们真的见到有人卖十八块一只，那我敢断言，他的羊没有我们的羊好。你们瞧瞧舱里这些羊，瞧瞧！多白，多俊，养得多好！"

这确实是父亲这些天来见到的最漂亮的羊，但他按捺住心头的喜悦说："羊都一样的。"

船主坚持说："羊和羊不一样。种不一样！你们看不出来？真的看不出来？你们会看羊吗？"

"能还个价吗？"父亲说。

船主说："还吧。"

"十九块钱一只。"父亲说。

"不行，二十块钱一只，差一分钱也不卖。"船主摆出欲要扯帆远航的架势来。

家里人便小声与父亲嘀咕："二十就二十。""二十能买了。"

父亲说："行，二十！"

数羊、交钱，一个多小时之后，一百只羊便由船舱过渡到河坡上。

船主一边扯帆，一边对明子一家人叮嘱："你们好好待这群羊吧。这群羊生得高贵。"

全家人朝船主点头、挥手，用眼睛告诉船主："放心吧。"

羊群从河坡上被赶到河堤上。此时正是中午略过一些时候，太阳光灿烂明亮地照着大地。那群羊在高高的大堤上，发出银色的亮光。羊群在运动，于是这银色的光便在天空下闪烁不定。小豆村的人先是远眺，最后都纷纷朝大堤跑来。

最后，小豆村的人几乎都来到了大堤上。

明子一家人意气风发，一脸好神采，或站在羊群中，或在羊群边上将羊们聚拢着不让走散。他们并不急于将羊赶回羊栏，都想让羊群在这高高大堤上，在那片阳光下多驻留一会儿。

从远处低洼的田野往这儿看，羊群与天空的白云融合到一起去了。

明子站在羊群中，心中含着得意、激动和骄傲。他俨然摆出一副小羊倌的样子，仿佛他早已熟悉了这群羊，并能轻松自如地控制和指挥它们。他有时挺着胸膛站着，有时弯下腰去，轻轻抚摸着一只在他身旁缠绵的山羊。此时，他心里蓄满了温和与亲密。

明子的一家人，朝乡亲们不卑不亢地微笑着。

这群羊拨弄了小豆村的人的心弦，发出一种余音不断的响声。

父亲说："把羊赶回栏里吧。"

明子跑到羊群边上，挥动双手，将羊群轰赶着。

羊群朝大堤下流去。当它们哩哩啦啦地涌动着出现在坡上时，远远地看，像是挂了一道瀑布，在向下流泻。

小豆村的人们一直前呼后拥地跟着羊群。此时此刻，他们对羊群的价值还未进入功利性的思考，心中有一种激动和兴奋，那是审美的。是因为那群羊那么漂亮，又那么多。他们曾见过河坡上三三两两地有几只土种山羊在啃草，没见过这么一大片羊，更未见过如此让人着迷的羊。

羊群赶回到了栏里。

小豆村的人围着羊栏又看了好一阵，才慢慢散去。

但明子一家人一直守着羊栏观看着。因为，它们是他们的全部希望。母亲把割来的一大筐草，一把一把地撒在栏里。羊们吃起来。羊这种动物不像狗又不像猪。狗吃东西一副凶相，猪吃起来样子很丑，并且无论是狗还是猪，在吃食物时如有同类在场，就会龇牙咧嘴地争抢，并在喉咙里发出很难听的声音。羊吃东西很文静，并且绝不与同伴争抢。当一只小个儿山羊悬起前腿，用软乎乎的舌头舔母亲的手背时，母亲哭了起来。

父亲一直不吭声，以一个固定的姿势趴在羊栏的柱子上，像是在思考着什么。

一直处于亢奋状态的明子，现在平静了一些，开始仔细观察这群小东西：

它们的毛色白中透出微微的金黄，毛是柔软的，随着微风在起伏着；四条腿是细长的，像是缩小的骏马的腿，蹄子呈淡红色或淡黄色，并且是晶莹透亮的；额上的毛轻轻打了个旋，细看时，觉得那是一朵花；鼻尖是粉红色的，像是三月里从桃树下走，一瓣桃花飘下来，正好落在了它们的鼻尖上；眼白微微有点红，眼珠是黑的，黑漆漆的；公羊们还都未长出犄角，头顶上只有两个骨朵儿。

明子更喜欢它们的神态：

淘气，纯真，娇气而又倔强，一有风吹草动就显出吃惊的样子，温顺却又傲慢，安静却又活泼，让人怜爱却又不时地让人生气

明子喜欢它们。

明子特别喜欢它们中间的一只公羊。那只公羊在羊群里是个头儿最大的。它让人一眼认出来，是因为它的眼睛——它的两眼下方，各有一小丛同样大小的黑色的毛。这两块黑色，使它更显出一派高贵的气质。它总是立在羊群的中间，把头昂着。它的样子与神气，透着一股神性。明子很快发现，它在羊群中有一种特殊的位置：羊们总是跟随着它。

明子长时间地盯着它，并在心中给了它一个名字：黑点儿。

全家人守着羊群一直到天黑。夜里，父亲和明子又几次起床来观望它们。夜空下，父子俩谁也不说话，只是静静地看着安恬地休息着的羊群。明子对羊群的情感充满了诗意。他很浪漫地想象着以后与羊们相处的时光。

直到月亮挂到西边槐树的树梢，明子才和父亲进屋

睡觉。

此后，这群羊的放牧，主要由明子来负责。明子心情愉快地充当着羊倌的角色。明子爱这群羊，以至忘记了养这群羊的实际目的。他几乎整日整夜地与它们厮守在一起。他跟它们说话发脾气，他向它们讲故事唱歌，他与它们嬉闹，他与它们一起歇在河坡上，静穆地仰望着蔚蓝纯洁的天空。当他离开羊群时，黑点儿居然带领羊群去寻找他，要不就咩咩地叫，直至把他唤到它们身边。

暮春时节，天气已十分暖和，草木亦已十分茂盛。田埂上、小河旁、河坡上，到处长满鲜嫩的草。这儿的人对草的价值历来没有意识。这些草每年春天发芽，继而随着阳光日甚一日地暖和而变得葱茏繁茂，但没有人理会，直到秋风将它们吹成枯萎一片。最多在冬日来临之前被一些人家用筢子划拉去当柴火用。没有人家用它来养兔，只有几户人家偶尔想起来养几只羊，然后将它们放到河坡或田埂上去随便啃几口。

现在，明子家的一百只羊，有足够的草吃。明子可以挑最好的草地来放牧。这里的草似乎特别能养羊，明子家的羊一天一个样地在长大。那白色的羊群，在一天一天地膨胀着，那白白的一片，变成一大片，更大的一大片，如同天空的白云被吹开一样。最能使明子感觉到羊儿们在长大的是它们在通过羊栏前田埂走向草地时。

过去，那一百只羊首尾相衔只占半截田埂，而现在占了整整一条田埂。打远处看，那整整一条田埂都堆满了雪或是堆满了棉花。

公羊们已长出了犄角，并且开始互相用犄角顶撞。

黑点儿的犄角长得最长，金黄色的，透明的。

所有的羊，身上的毛都变长，尤其是蹄子以上的毛，毛茸茸的一圈，十分好看。

明子隔不了几天，就把羊们赶进水里一次，以使它们能永远有一个清洁的身子。因此，这群羊总是雪白的一片，几里外都能看见。这白色在林子间闪烁着，在草丛中闪烁着，或和白云一起，倒映在水中，或飘游在大堤上，让远处的眼睛误认为是天上的云。

这群羊使明子一家人振作了精神，眼中有了自信和豪迈的光芒。它们向明子一家人也向小豆村的男女老少预示着前景。这群似乎总在流动的白色的生命，像梦幻一样使明子一家人感到飘飘然。

羊群给了明子更多的想象。他常情不自禁地搂住其中一只的脖子，将脸埋在它的毛里爱抚着。他或跟随它们，或带领它们，或站在它们中间，或坐在一旁观望，或干脆在它们歇脚时，仰面朝天地躺在它们中间，用半醉半醒的目光去望天空悠悠的游云。明子不会唱歌，而且又正在变嗓子，因此唱起歌来很难听。但，现在的明子常常禁不住地唱起来：

正月里正月正，

家家门口挂红灯。

又是龙灯又是会。

爷爷奶奶八十岁。

二月里二月二。

家家撑船带女儿。

我家带回一个花大姐，

你家带回一个小丑鬼。

…………

这声音只有高低，却没有弯环和起伏，直直的，像根竹竿，说是唱，还不如说是叫。明子自己听不出来，只顾可着劲地叫。他心中的快乐和喜悦，只有通过这种叫，才能充分地抒发出来。他先是躺着叫，后来是坐起来叫，再后来是站起来叫，最后竟然跳起来叫。这声音在原野上毫无遮拦地传播开去。在他唱歌时，羊们总是很安静地歇在他身边，偶尔其中有一只羊咩咩地配以叫唤，仿佛一种伴唱，别有一番情趣。

在那些日子里，明子尽管起早贪黑地养羊，尽管累得很瘦，但两眼总是亮闪闪的，充满生气。

不知从什么时候开始的，小豆村有好多户人家也动起了养羊的念头。这或许是在明子的父亲将心中一本账情不自禁地给人算出之后，或许是当那些羊群走满一田埂之后，或许更早一些——在这群羊刚从船上买下后不久。总而言之，现在有五六户人家真的要养羊了。

说也奇怪，那卖山羊的船也多了起来，几乎每天有一两条这样的船不知从什么地方而来，仿佛在很远很远的地方，那些山羊生活的地面很快要沉落下去，它们必须要一批一批地立即运到别处去。又仿佛不知在什么地方，有一台生产山羊的巨大的机器，每天都要生产出很多一模一样的山羊来，然后由一些人用船装走贩卖掉。这些船主也一个比一个地更能吹嘘养羊的实惠之处，并一个比一个地更能打动人心。

仅仅一个星期，六户人家都买下了一群羊。有五十只的，有三十只的，还有超过明子家的羊的数目的——一百一十只。

不是从船上卸下一块一块石头，而是一条一条活活的生命。它们要吃——要吃草！

起初，谁也没有意识到日后将会发生灾难。明子家人在看到第一户人家买了一群羊以后，仅仅是觉得威风去了一些，但并无恐慌。即使第六户人家把一群羊买下，明子家的人放眼望去，见到到处是羊群时，也还没有意识到一种要命的危机。

但明子停止了歌声。他觉得自家已无突出之处，他自己已无骄傲之处。六户人家的羊群，冲淡了他心头的快乐。

没过多久，明子家和那六户养羊的人家都开始恐慌起来：草越来越少了！

好几百张嘴需要不停地啃，不停地咬，不停地咀嚼。当它们"一"字摆开时，它们能像卷地毯一样，将绿茵茵的草地顿时变成一片黑褐色的光土。白色向前移动，前面的绿色就会随之消失，如同潮水退下去一般。随着它们的长大，它们对青草的需求量也在增大。现在，羊群的主人已顾不上选择草地了，哪儿有草就把羊群往哪儿赶。羊吃光了好草，只能吃一些它们不爱吃的劣等草了。不久，连劣等草也啃光了。小豆村四周，除了庄稼和树木，已无一丝绿色，仿佛被无数把铁铲狠狠地铲了一遍。饥饿开始袭击羊群，从前欢乐的"咩咩"声，变成了饥饿的喊叫。一些羊开始悬起前蹄去叼榆树叶子，甚至违背了羊性爬到树上去够。有些羊铤而走险，不顾湍急的水流，走到水中去啃咬水中的芦苇、野茭白和野慈姑。

村里的人见到这番情景说："再下去，这些羊是要吃人的！"

倒没有吃人，但，它们开始袭击菜园和庄稼地。它们先是被主人用皮鞭或树枝抽打着，使它们不能走近那些不能被啃咬的绿色。但，饥饿终于使它们顾不上肉体的疼痛，不顾一切地朝那一片片绿色冲击，其情形仿佛被火燃烧着的人要扑进河水中。主人们慌忙地轰赶着。但赶出这几只，那几只又窜进了绿色之中。于是，菜园和庄稼地的主人便与羊的主人争吵，并大骂这些不要脸的畜生。争吵每天都在发生，并且隔一两天就要打一次架。有两回还打得很凶，一位菜园的主人和一位羊的主人都被打伤了，被家人抬到对方家中要求治伤。

羊群使小豆村失去了安宁和平和。

明子的父亲愁白了头发。明子的母亲望着一天一天瘦弱下去的羊哭哭啼啼。明子守着他的羊群，眼中是疲倦和无奈。他也一天一天地瘦弱下去，眼眶显得大大的。

养羊的人家互相仇恨起来。明子恨那六个后养羊的人家：不是他们看不过也养了羊，我们家的羊是根本不愁草的。而那六户人家也毫无道理地恨明子家：不是你们家开这个头，我们做梦也不会想到养羊。其情形好比是走夜路，头里一个人走了错路，后面跟着的就会埋怨头一个人。那六个人家之间也有摩擦。养羊的互相打起来时，村里人就都围过来看热闹，看笑话。

明子他们不得不把羊赶到几里外去放牧。可是他们很快就发现，几里外也有好多人家养了羊，能由他们放牧的草地已很少很少。几天之后，这很少的草地也被羊们啃光。要养活这些羊，就必须到更远的地方去。然而，他们已经疲惫了，不想再去为羊们寻觅生路了。六户人家中，有三户将羊低价出售给了屠宰场，另外三户人家将羊以比买进时更低的价格重又出售给了那些卖山羊的船主。

现在，又只有明子一家有羊了。但，他们面对的是一片光秃秃的土地。

他们把羊群放进了自家的庄稼地。那已是初夏时节，地里的麦子长势喜人，麦穗儿正战战兢兢地抽出来到清风里。

母亲站在田埂上哭起来。

但羊们并不吃庄稼，虽然它们已经饿得东倒西歪了。当有一只羊要去啃一口麦子时，黑点儿猛地冲过去，用犄角将它打击了一下，那只羊又退回羊群。

母亲哭着说："乖乖，吃吧，吃吧。"

她用手掐断麦子，把它送到羊们的嘴边。

明子大声地命令着黑点儿："吃！吃！你这畜牲，让它们吃呀！不吃会饿死的。你们饿死，于我们有什么好！"他用树枝轰赶着羊群。

羊们吃完庄稼的第二天，小豆村的人发现，明子和他的父亲以及那一群羊一夜之间，都突然消失了。

当村里人互相询问人和羊去了哪儿时，明子和父亲正驾着一只载着羊群的大木船行驶在大河上，并且离开小豆村有十多里地了。他们要把羊运到四十里水路以外的一个地方去。那儿有一片草滩。那年，明子和父亲去那儿割芦苇时，见过那片草滩。那是一片很大的草滩，隐匿在茫茫的芦荡之中。谁也不会想起来打那片草滩的主意的。明子和父亲带上了搭草棚的木料和绳子，并带足了粮食和衣服。他们将在这里伴随着羊群，直到它们养得膘肥肉壮。

父子俩日夜兼程。这天早晨，大船穿过最后一片芦苇时，隔了一片水，他们看到了那草滩。当时，早晨的阳光正明亮地照耀着这个人迹罕至的世界。

这片绿色，对明子父子俩来说，意味着什么呢？

这绿色是神圣的。

明子父子俩不禁将大船停在水上，站在船头向那片草滩远眺。

阳光下的草滩笼了一层薄薄的雾，那雾像淡烟，又像透明而柔软的棉絮，在悠悠飘动。那草滩随着雾的聚拢和散淡而变化着颜色：墨绿、碧绿、嫩绿……草滩是纯净的，安静的。

父亲望着草滩，几乎要在船头上跪下来——这是救命之草。

明子的眼中汪满了泪水，眼前的草滩便成了朦胧如一片湖水的绿色。

羊们咩咩地叫唤起来。过于寂寞的天空下，这声音显得有点荒凉和愁惨。

父子俩奋力将大船摇向草滩。还未靠近草滩，明子就抓了缆绳跳进浅水里，迅速将船朝草滩拉去。船停稳后，父子俩便立即将羊一只一只地抱到草滩上。因为羊们已饿了几天了。这些可怜的小东西，在父子俩手上传送时，十分乖巧。它们已经没有剩余的精力用于活泼和嬉闹了。它们瘦骨嶙峋，一只只显出大病初愈的样子。它们全部被抱到草滩上之后，并没有因为见到草而欢腾起来，相反却淡漠地站在那儿不动，让单薄的身体在风里微微打着战儿。

父亲说："它们饿得过火了，一下子不想吃草，过一会儿就会好的。"

明子要将它们往草滩深处轰赶，可黑点儿坚持不动，其他的被迫前进了几步后，又重新退了回来。

父亲说："它们没有劲了，让它们先歇一会儿吧，让风吹它们一会儿吧。"

父子俩也疲乏极了。父亲在草滩上坐下，明子索性让自己浑身放松，躺了下来。

大木船静静地停在水湾里，仿佛是若干年前被人遗忘在这儿的。

羊群固守在水边，不肯向草滩深入一步。一只只神情倒也安然。

父子俩忽然有了一种平静和闲散的感觉，便去仔细打量那草……

这草滩只长着一种草。明子从未见过这种草。当地人叫它为"天堂草"。这个名字很高贵。它长得也确实有几分高贵气。首先给人的感觉是它长得很干净，除了纯净的绿之外，没有一丝杂色。四周是水，全无尘埃，整个草滩更显得一派清新鲜洁。草叶是细长条的，自然地长出去，很优雅地打了一个弧形，叶梢在微风中轻轻摆动，如同蜻蜓的翅膀。叶间有一条淡金色的细茎。那绿色是透明的，并且像有生命似的在叶子里静静流动。一株一株地长着，互相并不摩擦，总有很适当的距离，让人觉得这草也是很有风度和教养的。偶然有几株被风吹去泥土而微微露出根来。那根很整齐，白如象牙。一些株早熟了一些时候，从其中央抽出一根绿茎来，茎的顶部开出一朵花。花呈淡蓝色，一种很高雅的蓝色，微微带了些忧伤和矜持。花瓣较小，并且不多，不像一些花开时一副张扬的样子。就一朵，并高出草丛好几分，自然显得高傲了一些。花有香味，香得不俗，是一种人不曾闻到过的香味。这香味与阳光的气息、泥土的气息和水的气息溶在一起，飘散在空气里。

父亲不禁叹道："世界上也有这样的草。"

明子正在看一只鲜红欲滴的蜻蜓在草叶上低低地飞，听了父亲的话，不禁伸出手指去，轻轻拂着草叶。

父亲的神态是安详的。因为，他眼前的草滩几乎是一望无际的，足够羊们吃的了。

可是，羊群也歇了好一阵了，风也将它们吹了好一阵了，却不见有一只羊低下头来吃这草。

父子俩微微有点紧张起来。

"它们也许没有吃过这种草。"明子说。

父亲拔了一株草，凑到一只羊的嘴边去撩逗它。那只羊闻了闻，一甩脑袋走开了。

"把它们向中间轰！"父亲说，"让它们先闻惯这草味儿。"

明子从地上弹跳起来，与父亲一道轰赶着羊群。轰得很吃力，因为羊群竭力抵抗着。轰了这一批，那一批又退回来。

父子俩来回跑动着，大声地吼叫着，不一会儿工夫就搞得气喘吁吁大汗淋漓。几进几退，其情形像海浪冲刷沙滩，呼呼地涌上来，又哗哗地退下去，总也不可能往前再去。

明子有点火了，抓着树枝朝黑点儿走过来。他大声地向它发问："为什么？为什么不肯进入草滩？"

黑点儿把头微微扬起，一副"我不稀罕这草"的神情。

"走！"明子用树枝指着前方，命令黑点儿。

黑点儿纹丝不动。

明子把树枝狠狠地抽下去。

黑点儿因疼痛战栗了一阵，但依然顽固地立在那儿。

于是，明子便更加猛烈地对黑点儿进行鞭挞。

黑点儿忍受不住疼痛，朝羊群里逃窜。羊群便立即分开，并且很快合拢上，使明子很难追到黑点儿。

明子有点气急败坏，毫无理智又毫无章法地追赶着黑点儿。他越追心里越起急，越起急就越追不上，不由得在心里发狠："逮着你，非揍死你不可！"当他终于逮住黑点儿后，真的拳脚相加地狠揍了它一通。

这时，父亲赶过来，与明子通力合作，将黑点儿硬拽到草滩中央。明子让父亲看着黑点儿，自己跑到羊群后面，再次轰赶羊群。因黑点儿已被拽走，这次轰赶就容易多了。羊群终于被明子赶到草地中央。

明子和父亲瘫坐在草地上，心中升起一个特大的疑团：这群羊是怎么了？为什么要拒绝这片草滩呢？这片草滩又怎么了呢？

明子闻闻小蓝花，花是香的。

父亲掐了一根草叶，在嘴里嚼了嚼，味道是淡淡的甜。

父子俩不解，很茫然地望草滩，望羊群，望那草滩上的三两株苦楝树，望头顶上那片蓝得不能再蓝的天空。

使父子俩仍然还有信心的唯一理由是：羊没有吃过天堂草，等闻惯了这草的气味，自然会吃的。

他们尽可能地让自己相信这一点，并且以搭窝棚来增强这一信念。

羊群一整天就聚集在一棵楝树下。

不可思议的是，这片草滩除了天堂草之外，竟无任何一种其他种类的草存在。这使明子对这种草一下少了许多好感。明子甚至觉得这草挺恐怖的：这到底是一种什么样的草呀？

除了天堂草，只有几棵苦楝散落在滩上，衬出一片孤寂和冷清来。

搭好窝棚，已是月亮从东边水泊里升上芦苇梢头的时候。

明子和父亲坐在窝棚跟前，吃着干粮，心中升起一股惆怅。在这荒无人烟的孤僻之处，他们只能面对这片无言的夜空。他们说不清楚天底下究竟发生了什么，也不知道后面将会发生什么。他们有点恍惚，觉得是在一场梦里。

月亮越升越高，给草滩轻轻洒了一层银色。此时的草滩更比白天迷人。这草真绿，即使在夜空下，还泛着朦胧的绿色。这绿色低低地悬浮在地面上，仿佛能飘散到空气里似的。当水上吹来凉风时，草的梢头，便起了微波，在月光下很优美地起伏，泛着绿光和银光。

饥饿的羊群，并没有因为饥饿而骚动和喧嚷，却显出一种让人感动的恬静来。它们在楝树周围很好看地卧下，一动不动地沐浴着月光。在白色之上，微微有些蓝色。远远看去，像一汪水泊，又像是背阴的坡上还有晶莹的积雪尚未化去。公羊的犄角在闪亮，仿佛那角是金属的。

只有黑点儿独自站在羊群里。

明子和父亲还是感到不安，并且，这种不安随着夜的进行，而变得深刻起来。

父亲叹息了一声。

明子说："睡觉吧。"

父亲看了一眼羊群，走进窝棚里。

明子走到羊群跟前，蹲下去，抚摸着那些饿得只剩一把骨头的羊，心里充满了悲伤。

第二天早晨，当明子去将羊群轰赶起来时，发现有三只羊怎么也轰赶不起来了——它们已在皎洁的月光下静静地死去。

明子蹲在地上哭了起来。

父亲垂着脑袋，并垂着双臂。

然而，剩下的羊依然不吃一口草。

明子突然从地上弹起来，一边哭着，一边用树枝胡乱地抽打着羊群："你们不是嚷嚷着要吃草的吗？那么现在为什么不吃？为什么？！……"

羊群在草滩上跑动着，蹄子叩动着草滩，发出"嗵嗵"的声音。

父亲低声哀鸣着："这么好的草不吃，畜生啊！"

明子终于扔掉了树枝，软弱无力地站住了。

父亲弯腰拔了一株天堂草，在鼻子底下使劲闻着。他知道，羊这种动物很爱干净，吃东西很讲究，如果一片草被小孩撒了尿或吐了唾沫，它就会掉头走开去的。可是他闻不出天堂草有什么异样的气味。他想：也许人的鼻子闻不出来吧？他很失望地望着那片好草。

太阳光灿烂无比，照得草滩一派华贵。

羊群仍然聚集在楝树周围，阳光下，它们的背上闪着毛茸茸的金光。阳光使它们变得更加清瘦，宛如一匹匹刚刚出世的小马驹。它们少了羊的温柔，却多了马的英俊。

就在这如此美好的阳光下，又倒下去五只羊。

"我们把羊运走吧，离开这草滩。"明子对父亲说。

父亲摇了摇头："来不及了。它们会全部死在船上的。"

又一个夜晚。月色还是那么好。羊群还是那样恬静。面对死亡，这群羊表现出了可贵的节制。它们在楝树下，平心静气地去接受随时都可能再也见不到月亮。它们没有闭上眼睛，而用残存的生命观望着这即将见不到的夜色，聆听着万物的细语。它们似乎忘记了饥饿。天空是那样迷人，清风是那样凉爽，湖水的波浪声又是那样动听。它们全体都在静听大自然的呼吸。

"种不一样。"明子还记得那个船主的话。

深夜，明子醒来了。他走出窝棚往楝树下望去时，发现羊群不见了，只有那棵楝树还那样挺在那儿。他立即回头叫父亲："羊没有了！"

父亲立即起来。

这时，他们隐隐约约地听到水声，掉过头去看时，只见大木船旁的水面上，有无数的白点在游动。他们立即跑过去看，只见羊全在水里。此刻，它们离岸已有二十米远。但脑袋全冲着岸边：他们本想离开草滩的，游出去一段路后，大概觉得不可能游过去，便只好又掉转头来。

它们游着，仿佛起了大风，水上有了白色的浪头。

明子和父亲默默地站立在水边，等着它们。

它们游动得极缓慢。有几只落后得很远。还有几只，随了风向和流向在朝旁边飘去。看来，它们已经在水上结束了生命。它们陆陆续续地爬上岸来。还有几只实在没力气了，不想再挣扎了。明子就走进水里，游到它们身旁，将它们一只一只地接回到岸上。它们水淋淋的，在夜风里直打哆嗦。有几只支撑不住，跌倒了下来。

"还把它们赶到楝树下吧。"父亲说。

明子去赶它们时，没有一只对抗的，都十分乖巧地往楝树下慢慢地走。

早晨，能够继续享受阳光的，只有二分之一了，其余的一半，都在拂晓前相继倒毙在草滩上。

父亲的脊梁仿佛一下子折断了，背佝偻着，目光变得有点呆滞。

当天傍晚，这群羊又接受了一场暴风雨的洗礼。当时雷声隆隆，大雨滂沱，风从远处芦滩上横扫过来，把几棵楝树吹弯了腰，仿佛一把巨手按住了它们的脑袋。草被一次又一次地压趴。小蓝花在风中不住地摇晃和打战。羊群紧紧聚拢在一起，抵挡着暴风雨的袭击。

透过雨幕，明子见到又是几只羊倒下了，那情形像石灰墙被雨水浸坏了，那石灰一大块一大块地剥落下来。

明子和父亲不再焦躁，也不再悲伤。

雨后的草滩更是绿汪汪的一片，新鲜至极。草叶和蓝花上都坠着晶莹的水珠。草滩上的空气湿润而清新。晚上，满天星斗，月亮更亮更纯净。

明子和父亲已放弃了努力，也不再抱任何希望。他们在静静地等待结局。

两天后，当夕阳沉坠在草滩尽头时，除了黑点儿还站立在楝树下，整个羊群都倒了下去。草滩上，是一大片安静而神圣的白色。

当明子看到羊死亡的姿态时，他再次想起船主的话："种不一样。"这群山羊死去的姿态，没有一只让人觉得难看的。它们没有使人想起死尸的形象。它们或侧卧着，或曲着前腿伏着，温柔，安静，没有苦痛，像在做一场梦。

夕阳的余晖，在它们身上洒了一层玫瑰红色。

楝树的树冠茂盛地扩展着，仿佛要给脚下那些死去的牲灵造一个华盖。

几枝小蓝花，在几只羊的身边无声无息地开放着。它使这种死亡变得忧伤而圣洁。

无以复加的静寂。

唯一的声音，就是父亲的声音："不该自己吃的东西，自然就不能吃，也不肯吃。这些畜生也许是有理的。"

夕阳越发地大，也越发地红，它庄严地停在地面上。

楝树下的黑点儿，站在夕阳里，并且头冲夕阳，像一尊雕像。

明子小心翼翼地走过死亡的羊群，一直走到黑点儿身边。他伸出手去，想抚摸一下它。当他的手一碰到它时，它就倒下了。

明子低垂下脑袋……

1991 年深秋于北京大学中关园 505 楼 202 室

第十一根红布条

麻子爷爷是一个让孩子们很不愉快，甚至感到可怕的老头儿。

他没有成过家。他那一间低矮的旧茅屋，孤零零地坐落在村子后面的小河边上，四周都是树和藤蔓。他长得很不好看，满脸的黑麻子，个头又矮，还驼背，像背了一口沉重的铁锅。在孩子们的印象中他从来笑过。他总是独自一人，从不搭理别人。除了用那头独角牛耕地、拖石磙，他很少从那片树林子走出来。

反正孩子们不喜欢他。他也太不近人情了，连那头独角牛都不让孩子们碰一碰。

独角牛之所以吸引孩子们，也正在于独角。听大人们说，它的一只角是在它买回来不久，被麻子爷爷绑在一棵腰一般粗的大树上，用钢锯给锯掉的，因为锯得太挨根了，弄得鲜血淋淋的，疼得牛直淌眼泪。不是别人劝阻，他还要锯掉另一只角呢。

孩子们常悄悄地来逗弄独角牛，甚至想骑到它的背上，在田野里疯两圈。

有一次，真的有一个孩子这么干了。麻子爷爷一眼看到了，不吱一声，闷着头追了过来，一把抓住牛绳，紧接着将那个孩子从牛背上拽下来，摔在地上。那孩子哭了，麻子爷爷一点也不心软，还用那对叫人心里发怵的眼睛瞪了他一眼，一声不吭地把独角牛拉走了。背后，孩子们都在心里使劲骂："麻子麻，扔钉耙，扔到大河边，屁股跌成两半边！"

孩子们知道了他的古怪与冷漠，不愿再理他，也很少光顾那片林子。大人们似乎也不怎么把他放在心里。村里有什么事情开会，从没有谁想起来去叫他。在地里干活，也觉得他这个人并不存在，他们干他们的，谈他们的。那年人口普查，负责登记的小学校的一个女老师竟将在林子里的这个麻子爷爷给忘了。

全村人都把他忘了。

只有在小孩子落水后需要抢救的时候，人们才忽然想起他——严格地说，是想起他的那头独角牛来。

这一带是水网地区，大河小沟纵横交错，家家户户住在水边上，门一开就是水。太阳上来，波光在各户人家屋里直晃动。吱呀吱呀的橹声，哗啦哗啦的水声，不时在人们耳边响着。水，水，到处是水。这里倒不缺鱼虾，可是，这里的人却十分担心孩子掉进水里被淹死。

你到这里来，就会看见：生活在船上的孩子一会走动，大人们就用根布带将他拴着；生活在岸上的孩子一会走动，则常常被新搭的篱笆挡在院子里。他们的爸爸妈妈出门时，总忘不了对看孩子的老人说："奶奶，看着他，水！"那些老爷爷老奶奶腿不灵活了，撵不上孩子，就吓唬说："别到水边去，水里有鬼呢！"这里的孩子长到十几岁了，心里还有小时候造成的恐怖心理，晚上死活不肯到水边去，生怕那里冒出一个黑乎乎的东西来。

可是就是这样，也还是免不了有些孩子要落水。水太吸引那些不知道它的厉害劲儿的孩子了。小一点的孩子总喜欢用手用脚去玩水，稍大些的孩子，则喜欢到河边放芦叶船或爬上拴在河边的放鸭船，解了缆绳荡到河心去玩。河流上漂过一件什么东西来，有放鱼鹰的船路过，卖泥螺的船来……这一切，都能使他们忘记爷爷奶奶的告诫，而被吸引到水边去。脚一滑，码头上的石块一晃，小船一歪斜……时不时有孩子掉进水里。有的自己会游泳，当然不碍事；没有学会游泳的，有机灵的，一把死死抓住水边的芦苇，灌了几口水，自己爬上来了，吐了几口水，突然哇哇大哭，有的幸运，淹得半死被大人发现救了上来；有的则永远也不会回来了。特别是到了发大水的季节，方圆三五里，三天五天就传说哪里又淹死个孩子。

落水的孩子被捞上来，不管有救没救，总要进行一番紧张的抢救。这地方的抢救方法很特别：牵一头牛来，把孩子横在牛背上，然后让牛不停地在打谷场上跑动。那牛一颠一颠的，背上的孩子也跟着一下一下地跳动，这大概是起到人工呼吸的作用吧。有救的孩子，在牛跑了数圈以后，自然会哇地吐出肚里的水，接着哇哇哭出声来："妈妈……妈妈……"

麻子爷爷的独角牛，是全村人最信得过的牛。只要有孩子落水，便立即听见人们四下里大声吵嚷着："快！牵麻子爷爷的独角牛！"也只有这时人们才会想起麻子爷爷，可心里想着的是牛而绝不是麻子爷爷

如今，连他那头独角牛，也很少被人提到了。它老啦，牙齿被磨钝了，跑起路来慢慢吞吞的，几乎不能再拉犁、拖石磙了。包产到户，分农具、牲口时，谁也不肯要它。只是麻子爷爷什么也不要，一声不吭，牵着他养了几十年的独角牛，就往林间的茅屋走。牛老了，村里又有了医生。所以再有孩子落水时，人们不再想起去牵独角牛了。至于麻子爷爷，那更没有人提到了。他老得更快，除了守着那间破茅屋和老独角牛，很少走动。他几乎终年不再与村里的人打交道，孩子们难得看见他。

这是发了秋水后的一个少有的好天气。太阳在阴了半个月后的天空出现了，照着水满得就要往外溢的河流。芦苇浸泡在水里，只有穗子晃动着。阳光下，是一片又一片水泊，波光把天空映得刷亮。一个打鱼的叔叔正在一座小石桥上往下撒网，一抬头，看见远处水面上浮着个什么东西，心里一惊，扔下网就沿河边跑过去，走近一看，掉过头扯破嗓子大声呼喊："有孩子落水啦——"

不一会儿，四下里都有人喊："有孩子落水啦——"

于是河边上响起纷沓的脚步声和焦急的询问声："救上来没有？""谁家的孩子？""有没有气啦？"等那个打鱼的叔叔把这个孩子抱上岸，河边上已围满了人。有人忽然认出了这个孩子："亮仔！"

亮仔双眼紧闭，肚皮鼓得高高的，手脚发白，脸色青紫，鼻孔里没有一丝气息，浑身瘫软。看样子，没有多大救头了。

在地里干活的亮仔妈妈闻讯，两腿一软，扑倒在地上："亮仔——"双手把地面抠出两个坑来。人们把她架到出事地点，见了自己的独生子，她一头扑过来，紧紧搂住，大声呼唤："亮仔！亮仔！"

很多人跟着呼唤："亮仔！亮仔！"

孩子们都吓傻了，一个个睁大眼睛。有的吓哭了，紧紧地抓住大人的胳膊不放。

"快去叫医生！"每逢这种时候，总有些沉着的人。

话很快地传过来了："医生进城购药了！"

大家紧张了，胡乱地出一些主意："快送公社医院！""快去打电话！"立即有人说："来不及！"又没有人会人工呼吸，大家束手无策，河边上只有叹息声，哭泣声，吵嚷声，乱成一片。终于有人想起来了："快去牵麻子爷爷的独角牛！"

一个小伙子蹿出人群，向村后那片林子跑去。

麻子爷爷像虾米一般蜷曲在小铺上，他已像所有将入土的老人一样，很多时间是靠卧床度过的。他不停地喘气和咳嗽，像一辆磨损得很厉害的独轮车，让人觉得很快就不能运转了。他的耳朵有点背，勉勉强强听懂了小伙子的话后，就颤颤抖抖地翻身下床，急跑几步，扑到拴牛的树下。他的手僵硬了，哆嗦了好一阵，也没有把牛绳解开。小伙子想帮忙，可是独角牛可怕地喷着鼻子，除了麻子爷爷能牵这根牛绳，这头独角牛是任何人碰不得的。他到底解开了牛绳，拉着它就朝林子外走。

河边的人正拥着抱亮仔的叔叔往打谷场上拥。

麻子爷爷使劲地抬着发硬无力的双腿，虽然踉踉跄跄，但还是跑出了超乎寻常的速度。他的眼睛不看脚下坑洼不平的路，却死死盯着朝打谷场拥去的人群：那里边有一个落水的孩子！

当把亮仔抱到打谷场时，麻子爷爷把他的牛也牵到了。

"放！"还没等独角牛站稳，人们就把亮仔放到它的背上，横趴着。喧闹的人群突然变得鸦雀无声，无数目光一齐看着独角牛：走还是不走呢？

不管事实是否真的如此，但这里的人都说，只要孩子有救，牛就会走动，要是没有救了，就是用鞭子抽，火烧屁股腚，牛也绝不肯跨前一步。大家都屏气看着，连亮仔的妈妈也不敢哭出声来。

独角牛哞地叫了一声，两只前蹄不安地刨着，却不肯往前走。

麻子爷爷紧紧地抓住牛绳，用那对混浊的眼睛望着它的眼睛。

牛忽然走动了，慢慢地，沿着打谷场的边沿。

人们圈成一个大圆圈。亮仔的妈妈用沙哑的声音呼唤着："亮仔，乖乖，回来吧！"

"亮仔，回来吧！"孩子和大人们一边跟着不停地呼唤，一边用目光紧紧盯着独角牛。他们都在心里希望它能飞开四蹄奔跑——据说，牛跑得越快，它背上的孩子就越有救。

被麻子爷爷牵着的独角牛真的越跑越快了。它低着头，沿着打谷场味通味通地转着，一会儿工夫，蹄印叠蹄印，土场上扬起灰尘来。

"亮仔，回来吧！"呼唤声此起彼落，像是真的有一个小小的灵魂跑到哪里游荡去了。

独角牛老了，跑了一阵，嘴里往外溢着白沫，鼻子里喷着粗气，但这畜生似乎明白人的心情，不肯放慢脚步，拼命地跑着。扶着亮仔不让他从牛背上颠落下来的，是全村力气最大的一个叔叔。他曾把打谷场上的石磙抱起来绕场走了三周。就这样一个叔叔也跟得有点气喘吁吁了。又跑了一阵，独角牛哞地叫了一声，速度猛地加快了，一蹿一蹿，屁股一颠一颠，简直是跳跃。那个叔叔张大嘴喘气，汗流满面。他差点赶不上它的速度，险些松手让牛把亮仔掀翻在地上。

　　至于麻子爷爷现在怎么样，可想而知了。他脸色发灰，尖尖的下颏不停地滴着汗珠。他咬着牙，拼命搬动着那双老腿。他不时地闭起眼睛，就这样昏头昏脑地跟着牛，脸上满是痛苦。有几次他差点跌倒，可是用手撑了一下地面，跌跌撞撞地向前扑了两下，居然又挺起来，依然牵着独角牛跑动。

　　有一个叔叔眼看着麻子爷爷不行了，跑进圈里要替换他。麻子爷爷用胳膊肘把他狠狠地撞开了。

　　牛在跑动，麻子爷爷在跑动，牛背上的亮仔突然吐出一口水来，紧接着哇的一声哭了。

　　"亮仔！"人们欢呼起来。孩子们高兴得抱成一团。亮仔的妈妈向亮仔扑去。

　　独角牛站住了。

　　麻子爷爷抬头看了一眼活过来的亮仔，手一松，牛绳落在地上。他用手捂着脑门，朝前走着，大概是想去歇一会儿，可是力气全部耗尽，摇晃了几下，扑倒在地上。有人连忙来扶起他。他用手指着不远的草垛，人们立即明白了他的意思：他要到草垛下歇息。

　　于是他们把他扶到草垛下。

　　现在所有的人都围着亮仔。这孩子在妈妈的怀里慢慢睁开了眼睛。妈妈突然把他的头按到自己的怀里大哭起来，亮仔自己也哭了，像是受了多大的委屈。人们从心底舒出一口气来：亮仔回来了！

独角牛在一旁哞哞叫起来。

"拴根红布条吧！"一位大爷说。

这里的风俗，凡是在牛救活孩子以后，这个孩子家都要在牛角上拴根红布条。是庆幸？是认为这头牛救了孩子光荣？还是对上苍表示谢意而挂红？这里的人并没有一个明确的说法，只知道，牛救了人，就得拴根红布条。

亮仔家里的人，立即撕来一根红布条。人们都不吱声，庄重地看着这根红布条被拴到了独角牛的那根长长的独角上。

亮仔已换上干衣服，打谷场上的紧张气氛也已飘散得一丝不剩。惊慌了一场的人们，在说："真险哪，再迟一刻……"老人们不失时机地教训孩子们："看见亮仔了吗？别到水边去！"人们开始准备离开了。

独角牛"哞哞"地对着天空叫起来，并在草垛下来回走动，尾巴不停地甩着。

"噢，麻子爷爷……"人们突然想起他来了，有人便走过去，叫他："麻子爷爷！"

麻子爷爷背靠草垛，脸斜冲着天空，垂着两只软而无力的胳膊，合着眼睛。那张麻脸上的汗水已经被吹干，留下一道道白色的汗迹。

"麻子爷爷！"

"他太累了，睡着了。"

可那头独角牛用嘴巴在他身下拱着，像是要推醒它的主人，让他回去。见主人不起来，它又来回走动着，喉咙里不停地发出呜呜的声音。

一个内行的老人突然从麻子爷爷的脸上发现了什么，连忙推开众人，走到麻子爷爷面前，把手放到鼻子底下。大家看见老爷爷的手忽然控制不住地颤抖起来。过了一会儿，他用发哑的声音说："他死啦！"

打谷场上顿时一片寂静。

人们看着他：他的身体因衰老而缩小了，灰白的头发上沾着草屑，脸庞清瘦，因为太瘦，牙床外凸，微微露出发黄的牙齿，整个面部还隐隐显出刚才拼搏着牵动独角牛而留下的痛苦。

不知为什么，人们长久地站着，不发出一点声息，像是都在认真回忆着，想从往日的岁月里获得什么，又像是在思索，在内心深处自问什么。

亮仔的妈妈抱着亮仔，第一个大声哭起来。

"麻子爷爷！麻子爷爷！"那个力气最大的叔叔使劲摇晃着他——但他确实永远睡着了。

忽地许多人哭起来，悲痛里含着悔恨和歉疚。

独角牛先是在打谷场上乱蹦乱跳，然后一动不动地卧在麻子爷爷的身边。它的双眼分明汪着洁净的水——牛难道会流泪吗？它跟随麻子爷爷几十年了。是的，麻子爷爷锯掉它的一只角，可是，它如果真的懂得人心，是永远不会恨他的。那时，它刚被卖到这里，就碰上一个孩子落水，它还不可能听主人的指挥，去打谷场的一路上，它不是赖着不走，就是胡乱奔跑，好不容易牵到打谷场，它又乱蹦乱跳，用犄角顶人。那个孩子当然没有救活，有人叹息说："这孩子被耽搁了。"就是那天，它的一只角被麻子爷爷锯掉了。也就是在那天，它比村里人还早地就认识了自己的主人。

那个气力最大的叔叔背起麻子爷爷，走向那片林子，他的身后，是一条长长的默不作声的队伍……

在给他换衣服下葬的时候，从他怀里落下一个布包，人们打开一看，里面有十根红布条。也就是说，加上亮仔，他用他的独角牛救活过十一条小小的生命。

麻子爷爷下葬的第二天，村里的孩子首先发现，林子里的那间茅草屋倒塌了。大人们看了看，猜说是独角牛撞倒的。

那天独角牛突然失踪了。几天后，几个孩子驾船捕鱼去，在滩头发现它死了，一半在滩上，一半在水中。人们一致认为，它是想游过河去的——麻子爷爷埋葬在对岸的野地里，后来游到河中心，它大概没有力气了，被水淹死了。

它的那只独角朝天竖着，拴在它角上的第十一根鲜艳的红布条，在河上吹来的风里飘动着。

课本里的作家

序号	作家	作品	年级
1	金　波	金波经典美文：第一辑 树与喜鹊	一年级
2	金　波	金波经典美文：第二辑 阳光	
3	金　波	金波经典美文：第三辑 雨点儿	
4	金　波	金波经典美文：第四辑 一起长大的玩具	
5	夏辇生	雷宝宝敲天鼓	
6	夏辇生	妈妈，我爱您	
7	叶圣陶	小小的船	
8	张秋生	来自大自然的歌	
9	薛卫民	有鸟窝的树	
10	樊发稼	说话	
11	圣　野	太阳公公，你早！	
12	程宏明	比尾巴	
13	柯　岩	春天的消息	
14	窦　植	香水姑娘	
15	胡木仁	会走的鸟窝	
16	胡木仁	小鸟的家	
17	胡木仁	绿色娃娃	
18	金　波	金波经典童话：沙滩上的童话	二年级
19	高洪波	高洪波诗歌：彩色的梦	
20	冰　波	孤独的小螃蟹	
21	冰　波	企鹅寄冰·大象的耳朵	
22	张秋生	妈妈睡了·称赞	
23	孙幼军	小柳树和小枣树	
24	吴　然	吴然精选集：五彩路	三年级
25	叶圣陶	荷花·爬山虎的脚	
26	张秋生	铺满金色巴掌的水泥道	
27	王一梅	书本里的蚂蚁	
28	张继楼	童年七彩水墨画	

序 号	作 家	作 品	年 级
29	张之路	影子	三年级
30	曹文轩	曹文轩经典小说：芦花鞋	四年级
31	高洪波	高洪波精选集：陀螺	
32	吴 然	吴然精选集：珍珠雨	
33	叶君健	海的女儿	
34	茅 盾	天窗	
35	梁晓声	慈母情深	五年级
36	陈慧瑛	美丽的足迹	
37	丰子恺	沙坪小屋的鹅	
38	郭沫若	向着乐园前进	
39	叶文玲	我的"长生果"	
40	金 波	金波诗歌：我们去看海	六年级
41	肖复兴	肖复兴精选集：阳光的两种用法	
42	臧克家	有的人——臧克家诗歌精粹	
43	梁 衡	遥远的美丽	
44	臧克家	说和做——臧克家散文精粹	七年级
45	郭沫若	煤中炉·太阳礼赞	
46	贺敬之	回延安	八年级
47	刘成章	刘成章散文集：安塞腰鼓	
48	叶圣陶	苏州园林	
49	茅 盾	白杨礼赞	
50	严文井	永久的生命	
51	吴伯箫	吴伯箫散文选：记一辆纺车	
52	梁 衡	母亲石	
53	汪曾祺	昆明的雨	
54	曹文轩	曹文轩经典小说：孤独之旅	九年级
55	艾 青	我爱这土地	
56	卞之琳	断章	
57	梁实秋	记梁任公先生的一次演讲	高中
58	艾 青	大堰河——我的保姆	
59	郭沫若	立在地球边上放号	